巴菲特价值投资

成为股票赢家实操指南

唐 犟 ◎ 编著

民主与建设出版社
·北京·

© 民主与建设出版社，2024

图书在版编目（CIP）数据

巴菲特价值投资：成为股票赢家实操指南 / 唐犟编著 . --北京：民主与建设出版社，2024.4
ISBN 978-7-5139-4548-6

Ⅰ.①巴⋯　Ⅱ.①唐⋯　Ⅲ.①股票投资 – 基本知识　Ⅳ.①F830.91

中国国家版本馆 CIP 数据核字（2024）第 060227 号

巴菲特价值投资：成为股票赢家实操指南
BAFEITE JIAZHI TOUZI CHENGWEI GUPIAO YINGJIA SHICAO ZHINAN

编　　著	唐　犟
责任编辑	王　倩
策划编辑	陈正侠
封面设计	末末美书
出版发行	民主与建设出版社有限责任公司
电　　话	（010）59417747　59419778
社　　址	北京市海淀区西三环中路 10 号望海楼 E 座 7 层
邮　　编	100142
印　　刷	河北文福旺印刷有限公司
版　　次	2024 年 4 月第 1 版
印　　次	2024 年 5 月第 1 次印刷
开　　本	710 毫米 ×1000 毫米　1/16
印　　张	17
字　　数	188 千字
书　　号	ISBN 978-7-5139-4548-6
定　　价	88.00 元

注：如有印、装质量问题，请与出版社联系。

前 言

本书的主要内容是学习并实践本杰明·格雷厄姆和沃伦·巴菲特的投资思想。本杰明·格雷厄姆被称为"证券分析之父",他是沃伦·巴菲特最尊敬的师长,也是他的挚友。笔者拜读过格雷厄姆的大作《聪明的投资者——格雷厄姆投资指南》,从而迈入价值投资的大门,而其所著的《证券分析》更是跨时代的经典巨作,被无数投资大师所推崇,其"安全边际"理念更是在投资界被广为传颂。

巴菲特的价值投资理念是什么?

大部分成熟证券市场上的投资者都非常认同巴菲特的价值投资理念,但是这套成功的投资理念是否适合尚处在懵懂期的新兴市场呢?对于这一点,大部分参与新兴市场的投资者都会有所疑虑。**笔者用自己的亲身经历告诉大家,巴菲特的投资理念同样适合于新兴的、不成熟的证券市场**(虽然实践起来比成熟市场的难度更高)。

那么，学习巴菲特投资理念的门槛是不是很高？是不是需要很多专业知识？非金融专业的投资者能掌握吗？笔者认为，"安全边际"并不需要多么专业的知识，而比起专业知识来控制自己的情绪更重要。很多价值投资高手都是非金融专业出身，这足以证明普通投资者也能通过学习巴菲特的投资理念来获得成功。当然，能否成功最终还是取决于读者自身，相信读完本书的读者会对这些问题给出自己的答案。

在居民杠杆率已经高达62%的2021年末，房地产市场加杠杆的空间越来越小。随着人口老龄化的加剧，拐点也是呼之欲出，未来投资楼市获得财富暴击的机会越来越少。另外，固定资产的变现能力较差、周期较长的特点，也注定了资本不能将保值增值的希望全部寄托在房地产上。

在这样的背景下，中国更迫切需要投资市场成熟起来，接过房地产投资的大旗，成为资本配置的新热点。

但是，A股长期低迷，更有害群之马（既有上市公司，也有机构，而且还不少）狼狈为奸，以上市割"韭菜"为宗旨坑害了很多中小投资者。"亏钱效应"使得大部分资本对A股市场敬而远之，更有人将A股称为"癌股"，就像躲瘟神一样对A股市场的股票避之不及。这样一个资本长期流出、劣币驱逐良币的市场又何谈成为资本配置的新热点呢？

为此，除监管层加强监管以及上市公司与机构知耻而后勇之外，还需要有一批价值投资者站出来成为A股的压舱石。真正的价值投资者能够甄选出一批有投资价值的优质上市公司，在自己获利的同时

前言

促进市场有效地配置资本,让我国股市慢慢脱离长期以来劣币驱逐良币的恶性循环。

希望本书的内容能够抛砖引玉,为推动价值投资理念的普及出一份绵薄之力。如果最终价值投资能成为我国资本市场的投资主流,那绝对是我国投资市场之幸。

以下简单介绍一下本书的主要内容。

第一部分共两章,介绍了有关市场方面的内容。其中,第一章详细介绍了市场的混乱与无序,以及如何利用市场的混乱成为赢家;第二章则介绍了巴菲特的投资理念,并对其是否契合 A 股市场进行了探讨。

第二部分共两章,介绍了关于 A 股投资分析方面的知识。其中,第三章讲述的是投资分析之前的准备工作,论述了进行投资应该自己分析还是找专业人士搭便车,以及明确自己的投资目标,确定投资的方向;第四章介绍了价值投资最核心的内容——"安全边际",**强调投资务必要安全第一,在确保安全的情况下再谈盈利,"不亏"是投资核心中的核心。**

第三部分共三章,涉及的是实战分析和投资所必须具备的基本功,以及如何掌握这些知识成为真正的 A 股投资赢家。其中,第五章讲解了财务知识,以一篇简要的财务教程作为开篇,循序渐进地说明了财务报表各项数据的含义,最后以揭露财务欺诈作为结尾;第六章讲解的是公司管理方面的知识,在最后还以三家成功企业的管理为例进行阐述,使读者更容易消化理解;第七章着重讲解了投资心理分析,介绍了投资心理对市场波动的影响,以及如何利用大众的投资心理来为自己的成功投资增加砝码。

  第四部分，即第八章介绍的实战案例是本书的重中之重。有一定投资基础知识却没有耐心的读者可以直接跳过之前的内容直接阅读此章。实战案例是巴菲特的投资理念在A股市场的应用，本章通过四只A股股票的实战论证了巴菲特的价值投资理念同样适用于A股市场。

  由于笔者的水平有限和理解偏差，本书可能会有错误和纰漏之处，欢迎广大读者指正。本书是基于笔者个人对巴菲特投资理念运用于A股市场的理解和实践的总结，在编写过程中还参考了大量文献，在此对这些文献作者表达真诚的谢意！

  本书仅介绍炒股知识和技能，不提供具体买卖建议，股市有风险，入市需谨慎。

目　录

第一部分　市场　/　001

第一章　精神错乱的"市场先生"　/　003

一、经常精神错乱的"市场先生"：A股不需要有效市场理论 / 003

二、有趣的市场效应：经常失效的市场 / 009

三、燃烧吧，我的小宇宙：市场烧起来了，但你得给自己浇盆冷水 / 015

四、理性投资：利用市场的混乱，成为赢家中的一员 / 022

第二章　A股不适合用巴菲特的投资理论？　/　029

一、买股票就是买企业，投资股票就是将钱与企业联姻：帮自己找个"好女婿" / 029

二、在股市赚钱就是赚取忍耐费：有道是——长线是金 / 035

三、怎样得分才简单：超远距离三分，还是无人看守的上篮 / 042

四、坏消息与好企业：低估才是投资的良机 / 048

五、分散投资还是集中投资：应该把鸡蛋放在不同的篮子里吗？／052

第二部分　A股的投资分析：手中有粮，心中不慌／059

第三章　做好分析前的准备／061

　　一、这个世界上最痛苦的事情：机会来临的时候没钱投资／061

　　二、搭便车还是自己分析：由庞氏骗局得来的经验教训／065

　　三、从华尔街经久不衰的经典理论中管理好你的收益预期：无花果树与机会成本／071

　　四、找出你的投资天赋点，技能树可别点歪了：能力圈与投资决策／077

　　五、企业圈钱以及损害股东利益的手段：债转股、增发、股权激励与企业债／088

第四章　巴菲特最核心的思想，永远都是安全第一：安全边际／095

　　一、巴菲特的老师：证券分析之父格雷厄姆的安全边际／095

　　二、重要的话讲三遍：不要亏，不要亏，不要亏／098

　　三、如果我知道自己会在哪里死去，那我就永远不去那个地方：巧用逆向思维规避风险／101

　　四、寻找到百年老店，这就是优秀的企业：鉴别成功的经营管理／104

　　五、在合理的价位买入优秀的企业：分步建仓、摊薄成本／109

目 录

第三部分　我们的"武器库"：成为股市的赢家 / 113

第五章　企业对外交流的窗口：财务报表 / 115

一、虚拟经营一家面包房：简明财务教程 / 115

二、你手中的武器：进阶数据分析 / 128

三、买股票终归是为了赚钱：简明估值数据分析 / 142

四、警报！前方有地雷阵：躲过地雷，识别财务欺诈 / 148

第六章　优秀的管理 / 159

一、迎接全球化的挑战：管理模式与企业发展趋势 / 159

二、你愿意拥有什么样的企业：管理企业的方式方法 / 170

三、既是选股也是面试：管理者的品行 / 176

四、挑选出谁是真正优秀的CEO：知名企业管理者的行为举止 / 189

第七章　行为金融——投资心理分析 / 201

一、乌合之众：市场上从来都不缺少旅鼠 / 201

二、在别人贪婪的时候恐惧，在别人恐惧的时候贪婪：谁是别人 / 206

三、为什么那么多的人喜欢追涨杀跌：短期预期和简单联想的影响力 / 210

四、亏损厌恶症患者：不看、不想、不动=不亏？ / 214

五、因为我手里有把锤子，所以你就是颗钉子：锤子效应带来的巨大偏差 / 219

第四部分　实战案例 / 225

第八章　巴菲特价值投资理念在A股市场的实践 / 227

一、贵州茅台：中国A股的神话 / 227

二、片仔癀：百年瑰宝、中药龙头 / 235

三、海天味业：源自乾隆年间的味道 / 242

四、中国石油：巴菲特中国投资的"第一次" / 248

后　记 / 255

参 考 文 献 / 259

第一部分

市场

第一章
精神错乱的"市场先生"

一、经常精神错乱的"市场先生"：A股不需要有效市场理论

人类有交换的需要，从大量的交换中诞生了市场。普通的商品交易一般都是明码标价，各取所需。然而证券交易市场却是一个特殊的市场，在这个市场里面交易的绝大多数人只有一个目的——赚钱。因此，证券交易市场很容易受到价格波动的影响——随着上涨而亢奋，随着下跌而沉沦。昨天A股的"市场先生"或许还变身成超级赛亚人在拯救世界，今天或许就会化身成一名佛系青年就地躺平。

尽管如此，还是有一群人抱着"纵使你虐我千百遍，我依然当你是初恋"的态度，义无反顾地投身进入这个"一赢二平七亏"的修罗地狱中火中取栗。很多人都在宣扬"市场先生"永远是正确的，不要和市场作对。"市场先生"总是拒绝承认自己的精神错乱，无数有关股市的著作都在努力证明市场的有效；β值、分散投资组合等都在

力图证明市场的有效和理性。这导致了"市场先生"不承认自己"有病",既然市场是"健康的",当然不需要"治疗"。

巴菲特以及他的老师本杰明·格雷厄姆对"市场先生"的病症进行了详细的分析:某种病毒会入侵"市场先生"的体内,引起"市场先生"类似精神亢奋、混乱以及躺平等各种症状。于是,"市场先生"在超级赛亚人与躺平之间来回切换。不仅如此,这种病毒还有极高的传染性,且只有极少数人拥有此种病毒的抗体,不会出现这些病症。

如果你做好进入这个修罗地狱的准备的话,请一定要像躲避瘟疫一样远离这种病毒,或者好好学习相关知识,给自己种下能免疫这种病毒的"疫苗"。对于这种病毒,格雷厄姆和巴菲特研发出了疗效极好的"疫苗"——不要逃避患病的事实,有病不治是极其愚蠢的,赤手空拳地面对病毒也是有勇无谋,我们应该**利用好"市场先生"的精神错乱,让其为我所用**。

A股的投资者总是那么勤奋好学——打探消息、上课、听取专业人士的指导意见。他们认为自己只是个门外汉,所以集思广益以及寻求专家的意见是极其正确和理性的。殊不知,**群体的理性也会造成灾难性的后果(心理学对此有个专业的名词——合成谬误)**,个体的理性集合起来成就了一个非理性的市场。这种跟着大部队一起行动的行为一样会让你和大部队一起翻车。

A股的波动性可谓是"能屈能伸大丈夫"——指数能从998点涨到6124点,也可以从6124点跌回到1849点,然后以此为起点再次冲上云霄,再从5178点俯冲到2440点,犹如过山车一般,而

第一章 精神错乱的"市场先生"

且跳水的时候拥有媲美我们国家跳水队的压水花技巧（没水花等于没反弹）。

相对而言，A股上市公司的内在价值显然没有如此剧烈的指数变化来得大（虽说变化也很大，一年绩优二年绩平三年绩差已经算是有"良心"的企业了，刚刚上市就"变脸"的也大有"股"在），庄股肆虐，游资敢死队遍地开花，可以数天连续涨停（所以就有了所谓的打板战法），也可以"银河落九天"般一朝归零。可以说这些上市公司股价的变化和其内在价值毫无关联。

一直以来，A股市场给股民们留下的印象就是投机横行，这是一个投机占据主导地位的市场。随着移动互联网的发展，大量的信息（无论真实还是虚假）爆炸导致市场的波动更加剧烈。交易者都极其推崇波段操作——暴涨前入市，暴跌前逃顶，这样就能实现财富暴击。这也更加证明了"市场先生"的精神错乱。

A股市场甚至还有"打新不败"的神话（最近这个神话已破灭①），显然，A股市场根本就不是一个成熟的市场。在新经济、新科技飞速发展的阶段，股价一飞冲天泡沫巨大，甚至有人发明了"市梦率"这样的新兴名词。然而这并不妨碍那些狂热的支持者/投机者将这些技术公司甚至只是有着相关概念的公司的股价炒到外太空，即使这些公司的利润微薄甚至巨亏。他们对能稳定产生利润的传统行业嗤之以鼻，于是就有了之前创业板股指的飞天遁地，以及现在科创板

---

① 自2019年6月13日科创板开始交易以来，新股上市当天跌破发行价的概率提高，因此"打新不败"神话破灭。

的逆天估值。想要在这样的市场中进行精确预测几乎是不可能的。

2020年上证综指涨/跌幅超过3%的日期见表1-1。

表1-1　2020年上证综指涨/跌幅超过3%的日期

日　期	收盘点数	上涨/下跌	涨/跌幅/%
2020-03-02	2970.93	+90.63	+3.15
2020-03-09	2943.29	-91.22	-3.01
2020-03-23	2660.17	-85.45	-3.11
2020-07-06	3332.88	+180.07	+5.71
2020-07-16	3210.10	-151.20	-4.50
2020-07-20	3314.15	+100.02	+3.11
2020-07-24	3196.77	-128.34	-3.86

从表1-1中可以发现一个明显的规律，即大幅度涨跌的日期非常近，也就是说"市场先生"从超级赛亚人变回佛系青年只需要一瞬间。2020年7月20日上证综指大幅上涨了3.11%，而到7月24日就全送回去了，不仅如此还有找零。难道你认为这种过山车的表现是投资者根据公司基本面的变化而做出的明智决策吗？**如果我们的投资者都是理性的，那根本就不可能会在短时间内出现如此剧烈的波动。**

除了表1-1所列出来的数据，更著名的事件就是2016年1月4日和1月7日的股指熔断。

2016年的首个交易日，也就是1月4日沪深300指数在下午13：13跌幅达到5%，触发熔断机制，个股全面暂停交易15分钟，恢复交易后继续下跌，到13：35跌幅达到7%，只好提前打卡下班。

紧接着1月7日A股开盘不到20分钟股指就狂跌5%，再次触发熔断机制，休市 15 分钟以后恢复交易，到了 10：00 左右，跌幅又达到了 7%，又一次提前下班。这两次熔断事件直接导致 A 股暂时放弃了成熟市场的熔断机制。如果股票价格能有效地反映公司的基本面，遵从有效市场理论，这种事情根本就不可能发生。

打着技术革新名头的概念股总能诱惑大量投机资金流入，这种诱惑在大 A 市场里已经出现过无数次了。年代久远的像沪指 2245 点之前的触网即涨，近一点的也有光伏、新能源以及锂电池等概念股的狂舞。但是这些热潮的本质其实都是一样的。在这期间，概念股的换手率都非常惊人，由此带来了令人瞠目的高股价，创造了无数的财富神话，然而，当潮水退去的时候又会留下一地鸡毛，无数人因此一蹶不振。就如同巴菲特先生所说的那样——如果某样东西不能长期存在，那么它必将走向灭亡。

历史悲剧总是在不断地循环往复，就像投机泡沫的祖先——17 世纪 30 年代荷兰郁金香球茎的泡沫那样。郁金香在当时是珍稀品种，又是荷兰的国花，因此郁金香球茎更显得弥足珍贵，但是投机资金蜂拥而入必然导致投机者损失惨重，铩羽而归。在越来越多的资金追捧下，郁金香球茎的价格也水涨船高，随着球茎价格的飞升，需要再投入的资金也越来越多，就像一个资金黑洞，永远都填不满，直到有一天，买力枯竭，多方再也找不到更多的资金来支撑球茎的价格，梦碎的同时梦魇降临，给整个市场留下的只有恐慌和踩踏出逃。

当投机者的资金链条再也维持不下去的时候，大量的资金就会被套牢，希望幻灭，最终走向了恐慌性踩踏出逃的绝路，直至崩溃。如果市场真的有效，那这些历史上知名的泡沫又该如何解释呢？

有效市场认为有关市场行情变动的所有信息都已经反映在股票行情上，所以市场是永远正确的，根本不可能有人能长期战胜市场。换句话说，有效市场即是完美市场。然而事实呢？即便是成熟度很高的市场，也不可能永远有效，否则无法解释那些剧烈的波动，更何况是并不成熟的 A 股市场。

关于这一点，**巴菲特曾做出过如下表述："市场经常有效这一观察是正确的，但由此得出结论说市场永远有效，那就大错特错了。对投资者来说，其差别如同白天与黑夜。"**

综上所述，可以相信有效市场理论在 A 股市场根本就没有什么市场。因为即便是最乐观的投资人，也不会天真地认为 A 股市场是个信息披露规范的市场，更不用谈什么有效市场了。但是如果认为 A 股市场永远都是个无效的市场，那也属于矫枉过正，尽管中国股市还很年轻，还不成熟，各种乱象层出不穷。认为市场永远无效和认为市场永远有效一样，都是走极端。

从长期来讲，A 股市场依然还是有效的，正如巴菲特先生所描述的那样——市场短期来看是选美，长期来看是称重——对此笔者并不是完全认同（笔者觉得林奇比喻的赌马更贴切些，或许你可以这样考虑——这更近似于没有让分的赌球，如果在没有让分的情况下，让你下注 21-22 赛季的火箭对太阳谁能获胜？我想只要对现在的 NBA 稍微有所了解的人都会下太阳。虽然火箭在国内有大批"死忠"，笔者也是火箭球迷，但就事论事，现在的火箭就是只"弱鸡"）。

只是**与成熟市场相比，A 股市场的波动更大，参与其中的交易者赌性更重**。就以贵州茅台（600519）来说，相信很多人都会对此嗤之以鼻——我们大中国难道要靠白酒崛起吗？诚然，像贵州茅台这样的公司很难提升一个国家的综合实力，但是从茅台的各项指标来看，确实是一只值得在合理价位长期持有的好公司。要知道行行出状元，除了高科技公司，美国股市也有像迪士尼、麦当劳、可口可乐这样传统行业的优秀企业，同样能长期走牛，带给投资人丰厚的回报。

只是像贵州茅台这样成为一代股王，成为中国股市的"信仰"，未免有些可悲可叹。A股市场走向成熟需要我们大家共同努力，而从我做起，读本书开始学做一个理性的投资者，或许就是一个理性的好选择。

二、有趣的市场效应：经常失效的市场

撇开有效市场理论不谈，在全球股市中还存在很多奇特的市场现象，时至今日，学术界也无法对这些现象做出合理的解释。这些现象的发生总是伴随着各种非理性的市场走势，比如成熟市场的代表——**美国股市就有：1月效应**，即股价通常在每年的1月上涨；分析师效应，即分析数量少的公司，其股价往往会高于分析数量多的公司；月末/月初效应，即股市在月末和月初会上涨；周末效应，即黑周一红周五，股市通常会在周一下跌周五上涨等。

这些现象有些已经渐渐消失，比如美股的1月效应在1994年之后基本就不再出现，但有些现象依然存在，而学术界对此却束手无策。**其中，最有趣的当数著名的"丁蟹效应"了**，丁蟹效应又名秋官效应，是一个既有趣又非常奇特的股市现象。

丁蟹效应说的是自1992年郑少秋（又名秋官）在电视剧《大时代》中饰演丁蟹开始，凡是播出由郑少秋主演的影视剧，恒生指数或者上证综指/深证成指都会有不同程度的下跌，从而出现市值缩水的奇特现象。据不完全统计，凡是秋官出演的电视剧或者电视节目播出后，股市就会有明显下挫，次数高达32次之多。投资者见秋官色变，生怕丁蟹效应应验，于是在知道节目预告之后就会进行非理性的减仓，使得市场出现下杀，而这种下杀又进一步增加了丁蟹效应的成功率。

不管是1月效应，还是丁蟹效应，这些效应在大A股市场的政策效应面前都不值得一提。长期以来A股市场是政策市的说法深入人心，政策既可以让股价鸡犬升天，也可以让人五雷轰顶如坠冰窟。A股市场政策市现象见表1-2。

表1-2　A股市场政策市现象

时间跨度	政策/事件	点位区间	涨跌幅/%
1992年5月21日—1992年5月26日	放开上市股票价格限制，实行T+0	617～1429	131.60
1992年11月—1993年2月	邓小平南方谈话——"坚决地试"	386～1558	303.63
1993年2月—1994年8月	股市大扩容政策	1558～325	-79.14
1994年8月—1994年9月	三大救市政策	333～1052	215.92
1994年9月—1995年5月	国债期货市场推出	1052～582	-44.68
1995年5月18日—1995年5月22日	暂停国债期货交易	582～926	59.11
1995年5月—1996年1月	废除T+0交易规则，采用T+1交易规则	926～512	-44.71

续表

时间跨度	政策/事件	点位区间	涨跌幅/%
1997年5月—1999年5月	交易印花税从0.3%上调至0.5%	1510～1047	-30.66
1999年5月—2001年6月	人民日报发表社论,科网泡沫	1047～2245	114.42
2001年6月—2005年5月	国有股减持办法出台	2245～998	-55.55
2005年5月—2007年10月	股权分置改革,人民币升值	998～6124	513.63
2007年10月—2008年11月	基金暂时停发,次贷危机,大小非减持	6124～1664	-72.83
2008年11月—2009年7月	四万亿投资计划,十大产业振兴计划	1664～3478	109.01
2014年7月—2015年6月	深化体制改革,美国量化宽松政策全面退出	2054～5178	152.09
2015年6月—2015年8月	清理场外配资	5178～2850	-44.96
2016年1月4日—2016年1月7日	熔断机制(实行和暂停),大股东减持新规	3539～3115	-11.98

1992年5月21日,上海证券交易所放开了上市股票的价格限制,并实行"T+0"的交易规则,结果引发股市暴涨。当天上证综指从617点火箭般蹿升至收盘的1266点,一天之内暴涨105%,仅仅3天之后,又创出了1429点的新高。然而,冲动过后价值回归,仅仅半年就跌回了386点,跌幅高达73%。

同年,邓小平南方谈话中,对未来股市如何发展的问题提出"坚决地试"。于是A股又暴涨了,从当年11月开始到次年的2月,短短3个月的时间内上证综指暴涨了300%以上。同年股市又实施了大扩容政策，股市瞬间又从飞升的火箭变成了大跳水，到1994年7月29日，股指居然从最高的1558点跌到了325点，实在是令人瞠目结舌。但是这次大熊市还是带来了丰硕的"成果"——1992年沪深两市仅有上市公司54家，到了1994年已经扩张到了287家。

1994年7月30日，证监会与国务院相关部门出台三大救市政策——暂停新股发行、严控上市公司配股规模以及扩大入市资金范围，于是政策效应再度发飙，仅仅一个半月股指就从333.92点涨至1052.94点。而这次涨势来得快去得也快，随着国债期货市场的推出，股指迅速崩盘到582点。

1995年5月17日，证监会宣布暂停国债期货交易，A股受到这支强心剂的刺激，仅仅3天就疯涨到了926点。为了抑制过热的股市，防范投机，沪深股市废除了T+0制度，采用了沿用至今的T+1制度，果不其然，政策效应再次发威，股指迅速回落到了512点。随后A股进入了一段平稳上升期，股指从512点的低点稳步攀升到了1510点。

1997年5月10日，政策的风向再次发生变化，交易印花税由0.3%上调至0.5%，于是第五次熊市拉开序幕。1998年下半年，亚洲金融危机迈入高潮，A股指数连续下跌，到1999年5月18日，股指跌到了1047点。

随后是著名的"519行情"，《人民日报》发表社论"中国股市会有很大发展"，加上科网泡沫的推波助澜，可谓触网即涨，股指最终冲高到了2245点。然而，好景不长，随着2001年6月14日的国有股减持办法的出台，2245点成了一个长期大顶，A股又变回了那个速趴赛

第一章 精神错乱的"市场先生"

亚人,折腾了 4 年多,股指又回到了 998 点。

2005 年 5 月股权分置改革全面启动,政策全面支持,开放式基金大量发行,人民币稳步升值,套利资金大量涌入,境内流动性过剩,"市场先生"又开始了新一轮的暴走模式。2006 年 8 月开启了一段爆发式的行情,可谓"不鸣则已,一鸣惊人",随着一波荡气回肠的单边上扬股指直接冲到了 4335.96 点,之后经过一个多月的短暂调整,在 2007 年 10 月 16 日见到了 6124 点的历史最高点,48.62 元的中石油就是那个时期的"杰作"。之后美国次贷危机爆发,在大小非疯狂减持等各种利空的影响下,A 股发生了有史以来最惨烈的一次股灾——仅一年的时间,股指从 6124 点下跌到 1664 点。

为了减少次贷危机影响,我国很快推出了一系列组合拳——四万亿元投资计划和十大产业振兴计划,与此同时,A 股也借此东风重整旗鼓,从 2008 年 11 月开始反弹,到了 2009 年 7 月已经初步走出第一次股灾的阴霾,股指回到了 3478 点。

时间来到了 2014 年,这一年有两大事件对中国股市产生了非常大的影响:一是十八届三中全会后,中国启动了全面深化体制改革;二是美国的量化宽松政策全面退出。股指从 2054 点迅速启动,加上后期场外配置的推动,2014 年这波行情仅次于 2005 年 6 月 6 日启动至 2007 年 10 月 16 日见顶的那波超级大牛市,很多股票甚至创出历史新高,股指也被炒高到 5178 点这样的历史次高点。

但是随着清理场外配资行动的开展,2015 年 6—8 月出现了新中国股市历史上最严重的一次股灾——短短两个月,股指就从 5178 点暴跌至 2850 点,跌幅高达 44.96%。为了防止踩踏性交易,证监会决定引入成熟市场的熔断机制。2016年1月4日第一次熔断试水"大获成功",第一个交易日就收获了熔断,随后A股弱势反弹了两天,1月7日再次"告捷",继续熔断。愤怒的投资者和券商纷纷将矛头指向了熔断机制,于是短命的熔断机制在1月8日就被暂停实施,然而股指也在短短的4个交易日里损失惨重,从3539点重挫至3115点。

由此可见,A股不管前面有多勇往直前或萎靡不振,只要政策效应一出现,立刻就变脸。可能有些读者会有疑惑——这不就证明了A股的不成熟,大起大落如同过山车一般,所以A股才没有什么赚钱效应吗?本书想提示大家一下,**投资除了股息收入以外的收益基本都在股票差价,一潭死水的市场是很难赚到差价的,A股今后大起大落的概率是100%。**

正是因为必然会大起大落,"A股牌过山车"有口皆碑。**A股的波动远大于成熟的市场,也就让价值投资者有更多的机会以远低于内在价值的价格买入投资标的,再在股市被大幅高估的时候落袋为安。**

曾经有人问过老摩根市场今后会如何发展,据说他当时的回答是:"它会波动。"这当然是常识,然而正如巴菲特的老搭档**查理·芒格所说的那样:"人们都以为具备常识很简单,其实很难。"**

有统计显示,自1900年以来,美国标普500指数年均回报率约6%,最高和最低的年底收盘价之间平均差距达到23%。成熟如美国股市尚且如此,更何况A股。**"在别人贪婪的时候恐惧,在别人恐惧的时候贪婪",这句话永远不会过时,前提是你能在适当的时候做出冷静且理性的判断。**

三、燃烧吧，我的小宇宙：市场烧起来了，但你得给自己浇盆冷水

看到这个标题圣迷（日本经典动漫《圣斗士星矢》迷）想必会很激动。如果你真激动了，那倒是有违这个标题的初衷了。本节将和大家聊聊有关股市的波动。

提到股市的波动，就会不由得说起那个认为股市是低波动市场的"有效市场理论"，其来源于股票价格随机游走模型。该模型认为股价是一种随着时间变动而发生的随机运动，根本不可能被准确预测。因此按照随机游走模型的理论，各种投资咨询服务、收益预期、图形图表技术分析甚至基本面分析都毫无用处。

随机游走模型认为连续的价格变化是相互独立的。而随之衍生出的有效市场理论认为股票价格充分反映了相关股票的全部信息（不论过去还是现在）。经过一段时间的发展完善，有效市场理论被分成三种有效形式，即弱式、半强式和强式。

弱式有效市场理论认为现时股价充分反映了所有过去历史的价格信息；半强式有效市场理论则认为现时股价充分反映出当前已经公开披露的有关公司运营状况的信息；强式有效市场理论认为现时股价充分反映了所有公司的信息，无论该信息是否被公开披露过。

这三种有效市场理论都和随机游走模型存在着一定的联系，相比其他两种有效市场理论，强式有效市场理论的联系更弱且要求更高。随机游走模型认为现时价格同历史价格之间互相独立，也就是

价格与价格之间毫无关联，因此未来的价格无法被预测。而强式有效市场理论认为价格充分反映信息，当然这只是一种过于理想化的假设，而现实中的大量事实证明，这样完美的市场根本不存在。

最明显的例子就是长生生物的假疫苗事件。如果强式有效市场理论成立，长生生物的股价应该无限接近于0，而不是原来高高在上的20多元，在信息披露之后长生生物的连续跌停更是对强式有效市场理论的无情嘲讽。

下面再来说说半强式有效市场理论，如果半强式有效市场理论成立，那就意味着所有投资者对于公开信息所做的投资分析都是多余的，除非是得到非公开信息的投资者，否则所有的投资者只能获得平均收益，这意味着战胜市场是不可能的，除非你有内幕消息。很显然，能战胜市场获得超出平均收益的民间投资高手不少，难道所有的高手都有内幕消息？

以笔者为例，如果按照半强式有效市场理论，笔者的投资收益应该是负数，本人并没有获取什么内幕消息，而且A股的内幕消息真假难辨，被小道消息坑杀一点也不稀奇。笔者进入股市是在2007年中（差不多3800点的点位），如果半强式有效市场理论成立，笔者在股市应该是亏损而不是盈利。

最后就只剩下弱式有效市场理论了，如果弱式有效市场理论成立，那么只有基于基本面分析才能获得超额收益，其他分析方式都是徒劳无功。虽然笔者的投资分析主要都是基于基本面的分析，但是并不否认行为金融分析的意义，笔者认为行为金融——投资心理分析也是非常有效的分析手段之一。巴菲特先生其实也很擅长心理分析，更

第一章 精神错乱的"市场先生"

不用说他的搭档芒格先生了。芒格先生是绝对的心理分析大师,他的人类误判心理学对笔者的影响很大,不论是应用在生活还是投资上,效果都很显著。

在市场上投资的个体并不是完全理性的,就像之前介绍的那样,各大股指不管历史多么悠久,发展多么成熟,过山车一般的行情只会迟到但绝不会缺席,甚至在没有任何外部消息的情况下,股指都会出现过山车式的大起大落。如果弱式有效市场理论成立,那么之前所有的市场效应就会失效,股指走势也会更加平稳有序,但是事实显然不是这样。尽管没有最终的定论,但是各种各样的证据使得最坚定的有效市场理论的支持者也产生了动摇,于是他们提出了另一种理论来解释这些反常现象,这就是"噪声理论"。

噪声理论认为有效市场是成立的,当信息完全反映在价格之中时,投资标的的内在价值应与市场价格相一致,但在实际操作中,通常价格与价值之间会存在一个偏差,而这个偏差就是噪声。

所有的投资人都是依靠信息来进行投资分析的,尽管价值先于价格产生,且价值相对价格而言波动更小也更稳定,但在交易过程中对价值的判断取决于投资者的共识。所谓价值回归,就是对价值重新发现并且达成共识的表现形式,共识会受到大多数投资者行为的影响,因此共识无法形成静态平衡,也无法判断哪些是有效信息,哪些是垃圾信息,所以价格与价值之间会产生一个偏差,噪声由此而生。

正如人们经常吐槽选美冠军为什么那么平平无奇一样,选美的评委作出评判并不取决于自己的审美偏好,而是会选择其他评委也会选中的美女，换言之，他们选择的都是大众情人。

这种思维方式同样可以用于投资市场，这一类的投资分析更侧重于心理和行为的分析，市场上的"龙头""跟风炒作""打板""羊群效应"皆属于此。市场上的各个投资个体获取信息的渠道各不相同，质量参差不齐，由此得出的预期也各不相同，因此半强式有效被进一步一分为二，即消息面有效和基本面有效。

消息面有效认为无论市场上公开信息的质量如何，所有的公开信息都反映在股价上，因此股价并不能充分反映出企业的内在价值，这时的股价包含了企业的内在价值和外部噪声。而基本面有效则认为股价就是对企业内在价值的准确反映，即股票价格约等于企业内在价值。

然而市场并不总是理性的，有效市场理论认为个体的非理性并不能影响到市场，因为个体的非理性会被理性淹没，从而被纠偏。而事实上，有时候非理性会淹没理性，造成整个市场陷入疯狂。由于消息面有效和基本面有效有着本质区别，为了区分这两者的区别，学界将这些非理性的行为称为噪声。

噪声理论认为依照与企业内在价值无关的信息（即垃圾信息）产生的实际交易为噪声交易，噪声交易会影响股票市场，使得股价与内在价值产生偏差。

市场中经典的噪声交易有跟风炒作、听小道消息、快速换手改变投资组合、保留杂草拔除鲜花（留下垃圾股票卖出优质股票）、运用错误的交易策略导致凄惨结果等。对此，心理学上给出了一定的解释：人们对损失的厌恶远大于对收益的渴望。这种心理解释了

第一章 精神错乱的"市场先生"

为何人们会保留杂草而拔除鲜花。

另外，人们还会想当然地认为历史的趋势会不断地延续下去，也就是会认为未来的平均增长率会等于过去几年的平均增长率。然而，**正如林奇所说的："你不能从后视镜看到未来。"** 过去的趋势并不能被永远复制，高增长总有终结的一天，也不是所有的公司都不能扭亏，偶尔咸鱼也会翻身。另外，**个体理性会引发群体的非理性**，对此心理学上称为合成谬误。辜朝明在其著作《大衰退》里对合成谬误有过相关描述，他提出的"资产负债表衰退"其实就是合成谬误的绝佳案例。

商业活动中的恶性竞争也是如此，用现在的一个流行词汇来说就是"内卷"。所有人都踮起脚尖看热闹，和所有人都普普通通地站在那里看热闹的效果是一样的，但是对人群的消耗却完全不同。

在混沌交易理论兴起之后，市场理性的假设受到了广泛质疑。混沌交易理论源于混沌理论，本来是一个物理学的理论。按照混沌理论，物理学家发现原本被认为是随机的现象实际上并不是随机的，而是存在一定的固定模式。学术界将混沌理论和金融学结合起来，融合出一门新兴的学科——物理金融学。

这门学科将混沌理论与金融交易联系起来，就产生了混沌交易理论。该理论认为那些看似随机的线性模型（包括随机游走模型）可能存在一定的定数，可以从中找出它的固定模式。要说最经典的混沌理论案例就是大家耳熟能详的"蝴蝶效应"——地球上某个地方的蝴蝶是否扇动翅膀，都会影响到另一个地方是否会发生飓风。混沌理论的核心内容就是：初始条件的极小变动，将会导致结果的巨大变化。前者一个微小的错误，可能会导致致命的结果。

可以用斯诺克来做进一步说明，击打母球的角度或力度只要差之毫厘，就会造成母球撞击红球位置的微小偏差，这对最后红球是否落袋、母球的走位是否精准的结果会产生巨大的差异，如果利用这颗红球去撞击其他红球进行二段击的话，差异还会继续放大。×段击的×数字越大产生的偏差也就越大，就是这个道理。混沌理论在航天军工等行业有着广泛的运用，对零部件的要求都要尽可能地精细，以免最后产生灾难性的后果。

说到混沌交易理论，不可避免地要说说分形几何。相对于传统的欧几里得几何，分形几何的研究对象为非负实数维数，也就是分数维。欧氏几何简单地定义了几种维度：点，没有维度，也就是零维；直线，只有一个维度；平面，有两个维度，也就是常见的二维；立体，有三个维度，即三维。然而现实中有许多物体不一定属于严格意义上的整数维度，所以引入了分数维度之后，才能进行完整的划分。

举个最简单的例子，某些游戏的模式是标准的平面游戏的模式，它们的操作方式不具有深度，而只是单纯的平面操作，无法转换视角，属于二维游戏的范畴。但它们的画面却具有一定的深度，游戏里面的人物布景都具有立体感，游戏的画面很明显属于三维范畴。也就是说这种类型的游戏（即2D平面游戏）既不是纯粹意义的真三维游戏（即真3D游戏），也不是传统意义的二维平面游戏，它能表现出一定的三维效果，但操作方式却是二维的，通常我们将这种类型的游戏称为2.5D游戏。比如近些年上市的《赤痕：夜之仪式》就属于这种类型的游戏，其实这是一种分数维度。

第一章 精神错乱的"市场先生"

再以折纸游戏为例，当将叠起来的纸张再次摊平时，那么这张纸还是标准的二维吗？它有了折痕或许还有破洞和裂缝，它变成了一个不规则曲线的几何体，因为有了部分深度，现在它并不是纯粹意义上的二维。此时的折纸最符合的当然也是一个分数维度，维数大于2但小于3。

对于以时间为序列的数据来说，分为何种维数取决于产生数据的系统是不是随机的。如果系统随机，那么该系统的维数应该是整数，在纸上写数字，无论如何都无法突破纸张本身的维数，若是随机数据，那么最大维数可能是2。

如果系统是非随机的，那么时间序列的数据就必然不会是整数维度，在折叠过的纸上写数据的维数可能是2，也可能会写在折痕上而大于2，数据并不是在绝对的平面上，而是有部分叠加，这种叠加反映了数据之间的相关性。因此只要该数据为分数维度，就可以认为该产生数据的系统是非随机性的。

正如上面所说的折纸那样，如果将它摊平，你可以将它视为二维平面，也可以看作加入分数维度有了一定深度的 $2.x$ 维，这样的维度结构又称为"豪斯多夫维"。随机分布必然会填充满整个分布空间，但是非随机分布则不会这样。因此，像股指这样产生数据的系统如果是整数维，那么股指将符合有效市场理论；如果是一个分数维，那么有效市场理论就只能符合一部分。

非常幸运的是美国波士顿某个著名的基金经理，曾经认真计算过指数的分数维，数据大致如下：标准普尔500指数的分数维在2～3之间；其他市场的日经指数略微大于3；德国DAX指数和标准普尔500指数差不多；英国富时100指数比3稍微小一点。虽然没有A股指数的数据，但是这么多的股指都不是一个整数，已经足够说明问题了。以上数据充分证明了有效市场理论并不能概括整个股票市场，它只能概括一部分，也就是市场总体有效但并不是永远有效。

总之，我们可以知道未来的股票市场也一定会继续波动，只要这个市场继续存在下去，就必然会产生波动，而且是大幅波动。可以用**乔治·索罗斯的一句话为本节做一个总结："流行的看法都认为市场永远正确，但我却假定它永远错误。"笔者认为市场将朝着越来越无效而不是越来越有效的方向发展。整个市场仅仅是总体有效，并不是永远有效，因此也经常会有无效的情况出现。**

对此，读者应该保持冷静，无论"市场先生"是在燃烧小宇宙还是就地躺平，**我们要做的是利用好市场的无效**，而不是跟着"市场先生"一起发神经。

四、理性投资：利用市场的混乱，成为赢家中的一员

通过上文的介绍，就知道了市场既有随机性也有非随机性，总体有效但不是永远有效。市场会不断波动，继续在躺平和奋发这两极反复横跳。"市场先生"有时会歇斯底里，有时会抑郁，但"市场先生"最终还是会抖擞精神继续前进。无论市场怎么变化，只要保持理性的头脑，利用好"市场先生"无效的那一面，就能为战胜市场增加砝码。

在如今这个信息爆炸的时代，互联网上充斥着大量的信息，似真似假的小道消息满天飞，大量的短线投机客依据这些小道消息来决定

第一章 精神错乱的"市场先生"

自己的投资策略，这说明对于投资或投机来讲，人们都需要获取大量信息来进行判断，不管是投资者还是投机者，都有获取大量信息的强烈冲动。在获得大量信息之后还有许多工作要做，比如辨别真假、筛查相关性等。

投资者根据信息进行交易，风险自担，盈亏自负。每一只股票背后都有一家上市公司，因此投资者本人需要成为所购入股票的商业分析师。然而股价总是上下起伏，捉摸不透，现在问题来了——谁应该对股价负责呢？

当然是公司的管理层！相信大多数人都会不假思索地说出这个答案。诚然，管理层理应对公司长期的股价负责，长期股价能够反映出一家上市公司的经营管理水平。如果一家上市公司经过长期经营依然业绩平平甚至亏损，股价长期低迷，那么显然需要对管理层的经营策略和长期规划打个问号。

但是，管理层需要对公司中短期股价负责吗？公司的管理层并不能控制股价，股东要求管理层要永远以最大化股价作为企业的经营方针也是无理要求。管理层应该只对自己公司的经营管理负责，做好自己的本职工作，实现企业的基本价值，如果绩效卓越但是"市场先生"却不理不睬，这不是管理层的责任。

股价是市场上的交易者博弈的结果，企业管理层只能通过提高业绩来影响交易者的决策却不能控制市场价格。也就是说，如果企业业绩长期低于行业平均水平造成股价低迷，那么管理层责无旁贷，应该好好反省自己是不是有什么错误的经营决策；但是如果公司经营管理正常甚至超出行业平均水平，只是中短期的市场对此毫无反应或者逆向反应,那么管理层不应该对此负责。

优秀的管理层最终会使股东获得丰厚的回报,而让投资者越投资越穷,自己却变得越来越富有的管理层则是糟糕的,这毫无疑问是"偷窃"行为。无论如何,管理层都会尽最大努力影响市场对公司的预期,不论是收购扩张、增加营销投入或是加大研发投入、解决经营问题、发布信心言论、辟除谣言等常规手段,还是粉饰财报、虚增利润等非法的超常规手段,以及游走在灰色地带的虽不违法但不道德的恶心操作等,从而使股价超过行业的平均水平。

然而,这些努力并不是为了让股价运行在接近企业内在价值的区间范围内。几乎所有的管理层都希望自己公司的股价尽可能地高,而且是越高越好。这就会带出一个问题——公司的股价与公司的内在价值脱节。这也会给投资人带来麻烦——难以正确评估上市公司的内在价值。

管理者对投资者产生了干扰,给投资人错误的信息,并且加大了交易价格按照误导信息波动的风险。而市场的交易价格是按照公开披露的信息、交易者的心理波动、交易本身的波动以及政策变化等各种情况不断变化的,这些变量的介入会使得对企业内在价值的判断产生偏差。而这种价格与价值的脱钩会使得在未来的某段时间内企业的经营业绩并不能准确地反映在股票价格上,从而使得持有公司股票的投资者得不到任何收益,甚至是遭受账面浮亏。

需要理解企业的内在价值,对公司进行价值评估,并且将这种价值评估反映到市场价格上的是投资者,而不是公司管理层(尽管大多数情况下公司管理层也拥有股份,也是投资者)。因各种条件的限制,

第一章 精神错乱的"市场先生"

投资者不能保证股价可以运行在合理的估值区间内。时间确实可以纠偏股价，但是前提是投资者没有进行任何操作，况且，如果投资者持有的股票估值远高于内在价值，投资者还会遭受估值修正的暴击。

因此，投资者需要花费一定的时间和精力去深刻了解企业的内在价值，并确认市场价格与内在价值的误差。这样的工作是非常有价值的，并且得到回报的比例与持仓比例成正比，正因为如此，投资者才会对证券分析乐此不疲。

真正的价值投资者都会视自己为上市公司的一分子，他们注重商业分析，长期稳定持股，对公司的经营方针兴致高昂，并且为公司出谋划策。 具有讽刺意义的是，价值投资者才是有效市场理论的最大收益者，只要充分利用好有效市场理论造成的价格与价值之间的落差，就可以更好地为自己谋利——可以在更低的位置买入高价值的股票，在更高的位置卖出低价值股票。

正因为价值与价格的背离，投资者才必须要纠正自己的投资思维模式，摒弃价格等于价值的观念。投资者必须先评估公司的内在价值，再去市场进行交易博弈产生价格，价格是评估完价值之后才确立的；而现实却恰恰相反，投资者往往会认为价格的产生先于价值。其实，价格只会告诉投资者应该进行投资还是减资，不论价格是高是低，公司的价值都是一样的，并不会因为一个涨停就大幅抬高公司的内在价值。

市场并不会告诉投资者到底哪笔交易划算，哪笔交易吃亏。投资者要依据公司的经营业绩、资产状况分析得出答案。如何评估公司的内在价值区间，从而得出投资者想要的答案，这将会在本书余下的论述中讨论。

为此，投资者必须明确以下几点。

（1）对上市公司进行商业分析，不仅不会浪费时间，而且还能大大提高投资成功率。

（2）投飞镖随机得到的投资组合的收益会好于自己分析得出投资组合的收益吗？很显然答案是否定的，很多投资大师的投资收益率都证明了个人投资者是可以长期战胜市场的，不论是在A股市场还是在成熟的投资市场。

（3）要忽视市场的波动，或者更进一步，应该利用市场的大幅波动来提高投资收益。

（4）应该自动忽略掉一些不符合实际情况的投资理论，不管这些理论的历史有多悠久，发布这些理论的专家学者名声有多大。

大部分人的投资常态是嘴上说着要理性投资，结果投着投着就变成了"野性"投资。要保持理性总是很困难，因为投机暴富的诱惑无处不在。然而，通过投机妄想一夜暴富的代价却是高昂的，通常"奖池"里面累积的"奖金"只会被极少数的投机者获得，大部分的投机者都会面对一地鸡毛的窘境，最极端的情况下甚至会让自己陷入万劫不复的境地。

说到投机的惨痛教训，难免会提到那个史上最大的投机败局——巴林银行倒闭事件。拥有悠久历史的巴林银行创立于1762年，跨越了战争和经济萧条的巴林银行最后居然毁在了一个28岁的年轻人身上——1995年2月26日，巴林银行因为进行大量金融期货投机交易造成9.16亿英镑的巨额亏损，这则消息震惊了整个金融市场，虽然

第一章 精神错乱的"市场先生"

经过英国央行英格兰银行的全力拯救,但巴林银行依然无力回天,正式宣告破产。巴林银行233年的存在历史宣告终结,这一切都拜巴林银行新加坡支行的交易经理——28岁的尼克·里森所赐。

事情的经过是这样的:里森在1992年被巴林银行总部任命为新加坡巴林期货有限公司的总经理兼首席交易员,事件的开端是由于巴林银行管理中的疏忽,他们在更换电脑系统后,放任了一个被废弃的代码为"88888"的错误账户继续存在。这个账户被里森加以利用,他虚构了一个客户进行长期合同套期保值操作,实际上这名客户根本就不存在,这只是里森用来掩盖自己失误的账户而已,这个账户的使用者正是里森本人,日积月累加上杠杆操作,最终酿成惨祸。

这个事件的罪魁祸首则是期货合约的投机套利交易。起初,里森只是努力发现日本大阪证券交易所和新加坡金融交易所上市的日经225期货合约的价格差异,在一个市场上买入的同时在另一个市场上卖出。由于这种交易策略的两个头寸是互相抵消的,因此风险很低,里森大获成功,还得到了"不可战胜的里森"的美誉。

然而,好景不长,到了1994年下半年,里森认为日本经济已经见底企稳,股市将会有一波大行情,于是决定豪赌一把,他大量吃进了日经225指数合约和看涨期权。但是,事与愿违,1995年1月17日,日本遭受了震惊世界的阪神淡路大地震,日经指数狂泻不止,里森美梦破碎。为了反败为胜,里森孤注一掷,继续投入巨资吃进多头头寸,希望能够通过大笔买入来提振市场信心,借此反败为胜。然而,期货交易不像常规的股票交易,这可是加入了"杠杆"的,会成倍放大亏损。

最后，巴林银行在期货合约上的亏损交易超过了 10 亿美元，已经远远超过了银行的资本总额。没有融资渠道，弹尽粮绝，翻身无望的里森选择了畏罪潜逃。巴林银行遭受了灭顶之灾，233 年的发展成果最终付之一炬。

从这个经典案例可以看到，投机或许可以使人暴富，但更可能会使人暴穷，甚至陷入万劫不复、永无翻身之日的境地。**投机是"大补"的同时也是剧毒，选择投机就要承受巨大的风险，甚至可以认为投机即等于赌博，金融市场中非常知名的用语"博傻"就是形容投机的。**"龟兔赛跑"的乌龟最终战胜了兔子，依靠的不是快，而是稳定。不管跑得有多快，只要一不小心就会坠入悬崖，那么一切都将成为泡影。

第二章
A股不适合用巴菲特的投资理论？

一、买股票就是买企业，投资股票就是将钱与企业联姻：帮自己找个"好女婿"

几乎所有人都会认同A股市场并不是一个成熟的市场，A股的"赌场论"盛行，市场上几乎没有什么投资者，大家都在"博傻"赚差价，赌自己不是最傻的那个。诸如"巴菲特来了也不行""巴菲特的理论只适合成熟市场，在A股绝对吃不开""巴菲特来A股一样会亏"，这样的言论在A股市场到处都是。

因为市场的不成熟，大多数的投资人可能会认为巴菲特的投资理论在A股无法被复制，因为这是成熟市场的投资理论，这实在是让人感到既悲哀又无奈。**投资绝对不是跟风瞎赌，股票的背后是一家上市公司，投资股票就是和上市公司合伙做生意，大家应该群策群力，**

一起努力提高公司的内在价值，这样才能形成良性循环。

但实际情形呢？大部分所谓的Ａ股投资者都管股票叫筹码，赌博意味十足，在他们眼中上市公司好与不好都没关系，涨才是王道，内在价值是什么？能吃吗？另外，上市公司管理层也把股市当成圈钱发财的工具，提高内在价值？我圈一把跑路，再来一次上市他不是"更香"嘛！本应该是利益共同体的合伙人，变成了利益博弈的对手。

况且，大部分的Ａ股股东大会都是在浪费时间。管理人员不愿披露公司的真实状况，面对投资者提问都是顾左右而言他，企图蒙混过关，到场的股东更关心自己的表演机会，而不是公司的经营发展。一场股东与管理层交流的盛会硬生生地变成了表演大会，大家都各自心怀鬼胎。账面浮亏的投资者大肆发泄着怨气，而管理层则报喜不报忧，鼓吹自己的功绩。股东大会变成了过场秀，哗众取宠成为主流，关心企业经营发展的投资者反而被视作怪胎。

或许某些读者会说："你说的这些不就是在说Ａ股不成熟嘛，这些我都知道啊！所以我才说Ａ股只能投机，巴菲特的这一套在我们这里行不通。"

可是，**正因为Ａ股的环境不好，才更能凸显优秀的公司、优秀的管理层的可贵，这些公司深耕主业，一旦发现就是发现了金矿**。而且，Ａ股市场的波动越大，错杀越厉害，优秀公司在指数低谷的时候估值越低，也就是说当优秀公司价值回归之后，投资者的获利也会更多，这说明Ａ股完全符合巴菲特的投资理论，甚至更进一步，如果能把握好机会，可以获得远超成熟市场的收益。

对于巴菲特先生这样资本雄厚的投资家来说，收购企业是一个

第二章 A股不适合用巴菲特的投资理论？

更好的投资选择，因为这可以允许他对企业施加影响力，从而影响企业的经营，更好地提高企业的内在价值，并可以自由地分配企业的资本。

当他不能收购企业大部分股权的时候，也会转而通过买入部分股权投资，虽然不能直接影响企业，但是买入股权投资也有两个明显的优点：其一，可以在整个市场范围内选择合适的投资标的，选择范围更广，大到航母小到芝麻均可涉猎；其二，可以以更满意的价格买到股票，要知道收购往往是协商一个价格，而这个价格通常不会有太大的折扣（除非卖方发烧犯糊涂），而如果在市场中直接购买，碰上"市场先生"彻底"躺平"的时候往往会有令人难以置信的"特价"出现。

当然，买入的准则都是一样的——买股票就是将钱与企业联姻，为自己的钱找个好的投资标的等同于为自己找个"好女婿"。

挑选"女婿"准则之———**业务是否简单易懂**。假如你是一名家长，为你的女儿挑选女婿。想必你一定会去了解他所从事的职业，如果答案是某大型央企的高管必定喜笑颜开，如果听到对方是在教什么"量子波动"速读，肯定是一头雾水，不知道是好还是不好。对于企业来说也是一样的，你投资成功与否与你理解企业的业务的程度成正比。

巴菲特总是选择那些简单易懂的行业进行投资。例如华盛顿邮报（也就是报纸传媒业），20世纪70年代的纸质媒体还如日中天，几乎每个人都会买一份报纸读读；例如喜诗糖果（没人会不知道巧克力吧），巧克力的受欢迎程度众所周知；再例如可口可乐（可以说家喻户晓），软饮料的业务不仅简单而且利润丰厚。

再回到A股市场上来看，股价长期走牛且业务简单明了的牛股都有哪些呢？就拿贵州茅台（股王谁都知道吧）来说，中国的酒文化源远流长，且贵州茅台是少数被国人认可的奢侈品之一，送礼需求大，即便价格昂贵，却依然不愁销量。再如海天味业（被誉为"酱油茅台"，中国最大的调味品企业之一），每个做饭的主妇都知道酱油等调味品对于日常生活有多么重要，海天酱油物美价廉，大家都知道。再如恒瑞医药（老牌西药企业，在国内西医药品领域占据领先地位），只要你去看病配药，就会发现配的药不少都产自恒瑞医药，恒瑞医药的药品市场占有率相当高，产品的效果也很不错。

正如爱因斯坦所说："任何事情都应该越简单越好，但是不要太过简单。"业务简单易懂并不表示业务不赚钱，恰恰相反，能把简单的业务做精反而比那些复杂难懂的业务更赚钱。**以上的个股仅仅是举例，并不是推荐你现在就去买，买入好公司的同时你还必须考虑是不是好价格。**

挑选"女婿"准则之二——**长期经营业绩是否稳中向上**。如果你的准女婿大前年的月收入只有5000元，前年业绩爆发狂涨至每月20000元，去年由于公司投资亏损只发最低标准，今年又暴涨到了每月25000元，你会对他的收入满意吗？答案恐怕是否定的吧。你会这么想——这也太过山车了吧，谁知道他的公司会不会突然破产。再进一步，如果这个准女婿在家待业，其收入全靠投资，而且他也不是什么投资大拿，去年狂赚今年亏完，结果恐怕是介绍人话还没说完你就逃之夭夭了吧。

换过来，对公司也是一样的。多年来主营业务稳定、数年如一日提供同样优质服务的公司，往往能给投资人带来满意的回报。而那些这山看着那山高，不断扩展经营业务范围甚至改变主营业务的公司，更有可能会犯下大错，造成不可挽回的损失。急剧的变化往往不能带给企业丰厚的回报，业务转换意味着企业驶入了陌生的领域，而陌生意味着过去的经验不再可靠，因此越是陌生越是容易犯错，也越是难以预测，投资需要回避的恰恰是不确定性。

但市场上的绝大多数人却不这样想，他们喜欢冒险、喜欢暴富、喜欢高收益率，幻想快速致富，然而往往会变成快速变穷，他们只看到了暴富的可能却忽视了公司的困难和问题。

正如巴菲特所说的："我们并不知道如何解决有问题的企业所面临的问题，只是尽量避免投资这些有问题的企业。我们之所以能取得目前的成就，是因为我们关心的是寻找那些我们可以跨越的 1 英尺的障碍，并不是去拥有能飞越 7 英尺障碍的能力。"经营稳健并且数十年如一日的公司才是拥有确定性的公司。

挑选"女婿"准则之三——**主营业务的前景是否令人满意**。就如同你找女婿那样，大厂①或者国企央企的管理层总是备受青睐。这些工作意味着光明的前景且拥有丰厚的福利待遇，失业的概率也更低，即便被迫离职可能也会拥有一定的股权或者储蓄可以保障未来的生活。就这一点而言，我们选择投资标的也是一样的。

根据巴菲特的观点，商业领域可以划分为两个部分——有特许经营权（即过桥收费）的小部分企业和普通的在红海厮杀的其他大部分企业。而在红海厮杀的企业大部分都是不值得投资的。

按迈克尔·波特的竞争法则来具体分析，**企业的竞争力包括五种：**

---

① 指拥有领先市场地位的大型非国有企业。

既有竞争力、新加入者的威胁力、客户的议价能力、供货商的议价能力、替代品或服务的威胁力。而有特许经营权的企业在以上五种竞争力方面具有绝对优势：市场对企业产品需求强烈；没有其他比较接近的选择；没有受到政府限制；可以提高价格又不用担心失去市场份额；行业附加价值高，以至于新加入的竞争者无利可图；拥有自主定价权。

这样的企业甚至可以在需求平稳、产能没有被充分利用的情况下继续提高产品售价。业务简单易懂但是商誉很高，因此在产品线无须进行持续大幅投入的情况下产品依然热销，这样可以更有效地抵御通货膨胀的风险。就如巴菲特曾经开过的玩笑那样——即便你拴条狗在董事长的位置上，企业的经营业绩也不会出现大幅波动。投资这样的完美企业无疑能获得超额回报。

相反的是，普通在红海厮杀的企业提供的产品或者服务大多雷同，并没有什么特别的竞争优势。比如化工品行业的塑料粒子产品，大多数供货商提供的产品品质差别不大，当这个行业利润丰厚的时候，由于行业准入门槛很低，会在短时间内涌入一大批竞争者，竞争的结果就是迅速拉低利润率。即便企业费心费力地投入大量广告宣传预算，也难以获得满意的回报，产品提价困难甚至还要被迫进行价格战，非常容易陷入内卷的恶性循环。

但是买入特许经营的企业并不意味着你可以高枕无忧，永远享受这种特权。成功的特许企业拥有丰厚的利润，这会吸引其他竞争者争相进入市场，这些竞争者研发替代产品希望能取而代之，随着时间的推移，产品之间的差别或许会逐步缩小，部分强势的特许企业会慢慢地变成弱势的特许企业，甚至失去特许权力变成一家实力雄厚的普通企业。继续懈怠下去甚至会被迫进入红海厮杀求生存。

特许企业可以有足够的容错率接受一个平庸的管理层，但普通企业不能，一次失误就可能面临破产的灭顶之灾。找出特许企业并且享受特许的超额收益是每个投资者所梦寐以求的，就像你能找到一个前途似锦且品学兼优、待人谦卑和善的金龟婿一样，所以，努力寻找你的"好女婿"吧，这将会改变你的人生轨迹。

二、在股市赚钱就是赚取忍耐费：有道是——长线是金

在股市进行投资的时候最忌讳的就是短视，短线快进快出的投资者（其实应该说是投机者）又被称作日交易者，他们以日为单位交易，快速进行买卖，最好今天买进明天就涨停，然后立刻卖出获利，再周而复始地进行下一次的短线操作，妄图通过这样的高换手交易获得超额收益。

然而，除了极少数的幸运儿，这样超高频率的换手操作换来的不是期望中的财富暴击，而是越交易越穷。短线高频交易不仅短视而且短命。很快你就会发现你的本金已经被大幅消耗。在考虑投资的时候，应该更注重公司几年内的发展趋势，而不是其股票每天的价格变化。

也许有人会问："我最少持有多少年合适呢？"关于多少年这个问题，**格雷厄姆在《证券分析》中曾经提过一句，他觉得以两年为限比较好，如果两年以后该股票还没有价值回归，格雷厄姆的观点就是清仓**。巴菲特并没有拘泥于他老师的观点，甚至还提出了"买股就是婚姻"的观点，对待股票如同对待婚姻，也就是说永久持股，但事实

上能让巴菲特永久持股的公司也很少。

而我个人觉得至少应该坚持一个牛熊周期才会获得比较好的收益，就A股市场的历史来看，这个周期恐怕短则三年长则七八年。但是，我想每一个认真做好功课、认真分析过企业的投资者都应该能做到这一点。有句话说得好——价值投资者都是熬出来的。反正不会比越王勾践卧薪尝胆的时间更长吧，熬一熬也就习惯了。

依照惯例，大家把持长期投资观点的人称为"长期价值投资者"，认为这类投资者的投资策略就是"买入—持有"。但是严格来说，并不是这样的。我举个例子，如果你买入的某股票的价格是1，而你计算的内在价值是3，在几个月甚至更短的时间内该股价格突然暴涨到了4，那么你完全可以选择清仓，我认为这依然是在价值投资的范畴之内。

投资者总体上是长期投资，但不代表应该永远是这样。选择长期投资，则意味着你做决定的次数比短期的日交易者来得少，这时你的决策也会更慎重，相比草率的决定，慎重考虑后的决定犯错的可能性更小，也就是说长期价值投资者出错的概率要远低于那些日交易者，这也是长期投资的好处之一。

区分投资者档次的通常不是投资智商，而是投资纪律。牛市来临的时候所有人都会认为自己是一个忠实的长期价值投资者，但是只有当熊市来临的时候，考验才真正开始——90%以上的股票不断下跌，似乎看不到尽头，财经节目主持人用"灾难"这样的字眼大肆渲染悲观情绪，恐慌迅速蔓延，人们担心自己的血汗钱会付之一炬，于是纷纷抛售股票，宁可错杀也绝不放过，做个长期价值投资者的誓言早就抛到了九霄云外，瞬间都变成了短期投机者，大家都在恐慌踩踏式出逃。

第二章　A股不适合用巴菲特的投资理论？

人们失去了理性，完全忘记了当初持有股票的原因——拥有优秀公司的一部分份额，即便股价远远低于企业的内在价值，他们依然不管不顾地不断抛出。然而，正确的做法应该是等待价值回归甚至趁机大肆买入便宜货。于是，低买高卖变成了高买低卖，焉有不亏之理！这时你需要的是保持冷静，要做的仅仅是钉死在自己的投资标的上（只要你的分析是正确的），不要理睬那些"善意的忠告"，那些忠告往往会奉劝你在市场上涨趋势确立的时候买进，在下跌趋势确立的时候卖出。

然而，当你自己实践的时候却恰恰相反，你会发现你总是在市场底部即将反弹/反转的时候卖出，在市场快涨到顶部的时候买入。而且，大部分人都会认为在狂涨的时候买入风险最小，而大幅回调的时候卖出能规避风险。其实他们忘记了，狂涨的时候买入有获利回吐的风险，回调卖出也会有风险——踏空的风险，股票飞涨的时候你手里却只有钱没有股票，只能眼睁睁地看着自己错失良机。因此，最好的选择就是像机器人一样行事，遵守自己既定的投资纪律。

相比短期交易，长期交易还有一个很多人都会忽略的优势——长期交易的交易成本要比短期交易的交易成本低得多。很多人会对这一点不屑一顾："才这么点交易费用，省下来能发财吗？"

那好吧，我们来算一下，假设有一名长期投资者和一名日交易者，长期投资者1年持股不动，交易费用为0。而日交易者平均2～3天交易一次，交易手续费率就按几乎最低0.15%计算，每年交易次数按80次计算，那么累计下来的手续费是多少呢？为了方便计算，我们假设每次交易日交易者的交易金额都一致，那么这就变成了一道非常简单的算术题，$0.15\% \times 80 = 12\%$，让人大吃一惊，年化12%的收益居然就这么没了！这么一算大家应该都能理解频繁交易的坏处了吧。

我们都知道"股神"巴菲特是个超级了不起的投资者，可即使强如"股神"，在他50岁之前也只有3亿美元左右的资产净值而已。巴菲特的强大在于他能数十年如一日地稳定盈利。**这一切的秘诀就是时间和复利。**

谈到复利就免不了提到华尔街的"72法则"，是指那个用非常简单的计算方法算出你的钱何时会翻番的神奇法则。只要知道收益率，就能简单计算出翻倍的年限。

具体公式如下：用72除以收益率（去除百分号%）得出的数字大体就是本金翻番的年限，是不是很神奇？我们就以3年期大额存单的利息为例，现在3年期的大额存单利率为3.35%～3.55%，我们取中间值3.45，根据"72法则"，得出的结果约为20.87年，也就是说，如果你存大额存单，存大概21年，你的本金就能翻倍。让我们来验证一下，$(1.0345)^{21} \approx 2.03864$，确实21年可以翻倍。

社保基金被誉为中国股市的"股神"，自成立以来其年化收益率约为8.51%，我们再以该收益率代入"72法则"计算公式，$72 \div 8.51 \approx 8.46063$，可见，社保基金的本金只需要8.5年左右就能实现翻倍，社保基金"股神"的名号的确不是白叫的。收益率的差距只有约5个点，而实际本金翻倍的年限却相差了12.5年，复利的威力可见一斑。

那么肯定会有人好奇，"股神"巴菲特的年化收益率是多少呢？有人做过统计，巴菲特在1965—2014年的50年间的年化收益率大概为21.97%，每3.3年其本金就能翻一倍！或许你对这个收益率没有什么概念，那么我们用中国的楼市来说明一下。众所周知，中国

第二章 A股不适合用巴菲特的投资理论？

楼市的投资回报率算是超高，一线城市的代表——上海的房价差不多20年10倍的样子，换算成年化收益率其实只有令人难以置信的12.2%，远远低于巴菲特的年化收益率。

当然，"72法则"也可以反过来用在计算债务利息上面，相信看过本书的读者都不会去借利息高达21.97%的高利贷吧。看了上面的各种收益实例，我相信大部分读者都不会给自己设定一个不切实际的目标，比如年化收益率50%，还是设定个实际一点的目标吧，能达到两位数的收益率就非常不错了。

看到这里，或许还有人会有这样的疑问：你上面所说的一切对我们具有中国特色的A股有用吗？那么，我们就以A股的股票来举例吧。这次我们就不谈"股王"茅台，就以复星医药（股票代码600196）为例，其K线图如图2-1所示，2018年12月28日—2021年12月16日个股区间统计结果如图2-2所示。

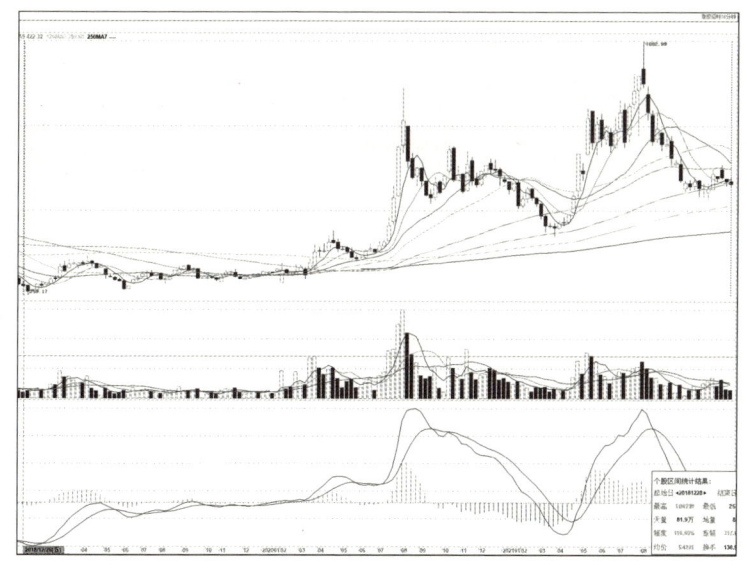

图2-1　复星医药K线图（2018年12月28日—2021年12月16日）

起始日	◂20181228▸	结束日	◂20211216▸	共	154	个交易单位
最高	10829	最低	2591	总量	2612.4万	总额 14180.6亿
天量	81.9万	地量	8542	上涨	79天	下跌 75天
幅度	110.69%	振幅	317.87%	阳线	78根	阴线 76根
均价	5428	换手	130.96%	阳量	1450.6万	阴量 1161.8万

图2-2 复星医药个股区间统计结果（2018年12月28日—2021年12月16日）

经过权息校正，如果在2018年12月28日买入复星医药，3年的持有期间该股股价振幅高达317.87%，即使一直持股不动也能获得110.69%的浮盈，其年化收益率高达约28.2%。当然这也是有一定的运气成分，选入的时间段正好处于新冠疫情期间，而复星医药正巧有疫苗，受益于此，股价大幅度上涨。那么剔除新冠疫情的因素，看看新冠疫情发生前的3年内复星医药的表现如何。2017年1月6日—2020年1月3日复星医药个股区间统计结果如图2-3所示。

起始日	◂20170106▸	结束日	◂20200103▸	共	154	个交易单位
最高	5705	最低	2591	总量	1238.0万	总额 4558.4亿
天量	25.5万	地量	5264	上涨	91天	下跌 63天
幅度	20.45%	振幅	120.13%	阳线	90根	阴线 64根
均价	3681	换手	64.66%	阳量	683.1万	阴量 555.0万

图2-3 复星医药个股区间统计结果（2017年1月6日—2020年1月3日）

在此期间，该股股价的上涨幅度为20.45%，20.45%的收益率可能有点低，其年化收益率只有7%不到，但是在此期间，该股股价依然有120.13%的振幅，如果你能在合理的估值区间买入，依然能够得到超过两位数的年化收益率。更何况同期的上证指数甚至是微跌，跌幅在0.64%，振幅也只有46.95%，上证指数区间统计结果如图2-4所示。

第二章 A股不适合用巴菲特的投资理论？

起始日 ◀20170106▶	结束日 ◀20200103▶	共 154 个交易单位		
最高	3587.03	最低 2440.91	总量 1348.4亿	总额 1454324.7亿
天量	26.7亿	地量 9222.5万	上涨 81天	下跌 73天
幅度	-0.64%	振幅 46.95%	阳线 83根	阴线 71根
均价	----	换手 ----	阳量 750.9亿	阴量 597.5亿

图 2-4　上证指数区间统计结果（2017年1月6日—2020年1月3日）

那么，如果在2007年那波超级牛市的顶峰6124点期间买入复星医药结果又会怎么样呢？14年的持有时间能让你得到433.22%的投资收益率，即便上证指数是6124点时进入也无法阻止你获得约11%的年化收益，这个收益率甚至接近投资上海房产的收益率。2007年10月31日—2021年12月16日复星医药个股区间统计结果如图2-5所示。

起始日 ◀20071031▶	结束日 ◀20211216▶	共 171 个交易单位		
最高	1082.99	最低 49.85	总量 7280.8万	总额 24390.3亿
天量	222.8万	地量 69555	上涨 95天	下跌 76天
幅度	433.22%	振幅 2072.50%	阳线 98根	阴线 73根
均价	334.99	换手 517.14%	阳量 4532.4万	阴量 2748.4万

图2-5　复星医药个股区间统计结果（2007年10月31日—2021年12月16日）

由上可见，即使对A股而言，长期持有依然可以获得不错的收益，前提是你能发现不错的投资标的，在合理的估值区间买入，并且能守住自己定下的投资纪律。

在此，我们可以得出这样一个结论：**市场一定会对企业的真实价值做出反应，但是这个时间一般都会很长，一般都是以年为单位。如果你能比市场上的大部分投资者更好地评估企业的内在价值，那么你将会在不久的将来获得巨额收益。**复利是"世界第八大奇迹"，只要

041

你能在较长的时间内保持一个不错的收益率，你将会变得富有。当然，最大的困难在于怎样保持不错的收益率以及怎样提高评估企业的成功率。我们将会在后续的章节进行详细的说明。

三、怎样得分才简单：超远距离三分，还是无人看守的上篮

作为一名观看篮球比赛的观众，你喜欢看超远距离严防死守下的三分绝杀，还是喜欢无人看管的上篮绝杀呢？答案显然不言而喻。一场紧张激烈的篮球比赛，比分紧咬，到了最后一刻某个球星在严防死守之下一锤定音，跌宕起伏堪比好莱坞大片。如果这时候出现了意外，对方一个防守疏忽，一个普通球员上了个空篮，绝杀了比赛，显然就有大片烂尾的感觉。

那么，我们换个前提再来问这个问题——如果你不是观众而是一名赛场上的球员呢？生死攸关的时刻显然把握更大的上空篮更好吧。不管怎么看，超远距离严防死守下的三分命中率都会大幅低于无人看管的上篮。虽然像库里、利拉德这样的"超级射手"的三分绝杀让人血脉偾张，甚至能够青史留名，但是毫无疑问无人看管时小人物上篮的命中率更高。

如果可以选择用何种方式投绝杀球，就算你去采访库里，他也一定会选择无人看管的上篮，无人看管上篮的把握能超过九成半，三分球强如库里命中率也不过四成多，更不用说还是在严防情况下的超远。

要是放到投资上来看，也就是一定要选择成功率更高的投资。有道是积小胜为大胜，多次小的成功累积起来就能变成一次大的成功。

第二章 A股不适合用巴菲特的投资理论？

无论多么远的三分也仅仅是三分而已，再激动人心也就等于三个罚球而已，**所以降低难度提高成功率才是成功投资的关键。**

投资和球类运动的不同点在于投资没有计时器。不论是足球还是篮球，只要是在比赛，就有一个计时器在催促你快点做决定，篮球的计时器更多，24秒你不出手就必须把球权交出来，在你落后的时候，计时器每秒都在提醒你再不快点得分你就要输了。但是，投资没有计时器，你不必急于一时，那里既没有裁判会在计时器到点的时候没收你的钱，也不会有像詹姆斯这样的球员威胁你把他（股票）卖掉，你把钱（股票）像球（球员）一样控制在自己的手中并不会损失什么，甚至你可以暂存在货币基金里面，连利息都不会少多少。

可以想象一下，你的对面有5个防守球员，当牛市来临股价飞涨的时候，他们就像打了鸡血一样热情高涨，努力防守，会逼迫你去三分线外投那些难度超高的三分球。熊市的时候他们就好像老板欠薪一样士气低落，无精打采，你过他们就像过清晨6点的马路，可以轻松上空篮。

你会选什么时间投资呢？你可能会说这样比喻有问题：在篮球场上防守队员再无精打采也会做出防守架势。那么打篮球的球员总要犯困回家睡觉的吧，你可以抱住球慢慢等，等到他们犯困回家睡觉的时候，不就可以上个空篮了嘛。**所以长期价值投资并不是流行说法的"买入—持有"，而是"耐心等待—大举买入—长期持有—畅享收益"。**

看到这里，或许有人会说耐心等待买入往往是在熊市买入，我们的A股市场不像成熟市场那样是慢牛占主导，我们A股市场的特色就是牛短熊长，在熊市耐心等待买入之后，还需要继续等待相当长一段时间 A 股市场才可能转换为牛市，在等待的期间不仅会损失理财的利息收入，甚至还会出现账面浮亏，更重要的是如果耐心等待的时间过长，就会严重影响到最终的年化收益率。

如果在确认牛市之后再买入，之前的熊市等待期间可以灵活利用好资金，投资一些低风险的理财产品获取一定的利息收入，最终也在差不多的点位抛出，也许这样操作的年化收益率比耐心等待买入要高。

那么，耐心等待买入时机和确认牛市之后买入的区别到底有多大呢？我们以 A 股举例。既然是确认牛市之后再买入，那么我们就以牛市起点到牛市终结这段时间的中间偏下的位置为基准，而耐心等待则以熊市转换到牛市期间的中间点为基准，对这两种情况进行对比。在此选择比较稳健的医药股龙头之一恒瑞医药（600276）为例，其月 K 线图如图 2-6 所示，2011 年 8 月 31 日—2015 年 6 月 30 日个股区间统计结果如图 2-7 所示。

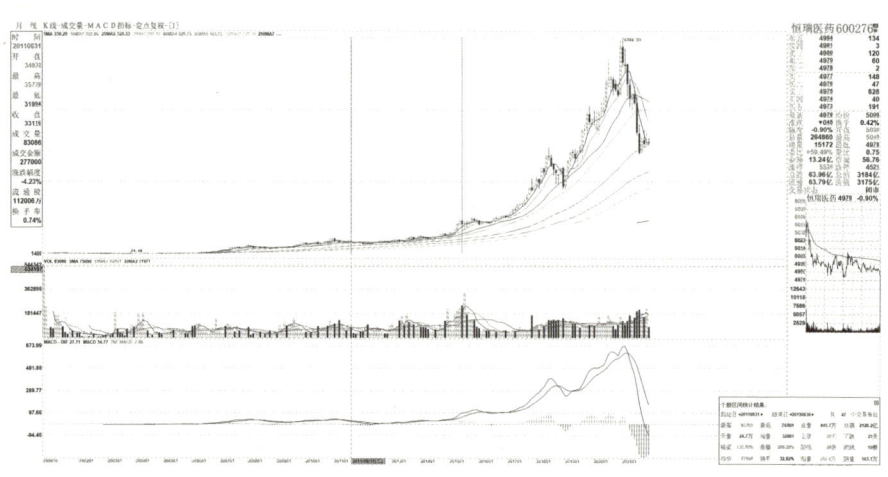

图 2-6　恒瑞医药月 K 线图（2011 年 8 月 31 日—2015 年 6 月 30 日）

第二章 A股不适合用巴菲特的投资理论？

起始日	◀20110831▶	结束日	◀20150630▶	共	47	个交易单位
最高	9599	最低	2606	总量	445.7万	总额 2120.2亿
天量	24.7万	地量	32861	上涨	26天	下跌 21天
幅度	136.80%	振幅	268.29%	阳线	28根	阴线 19根
均价	4756	换手	32.82%	阳量	282.6万	阴量 163.1万

图2-7 恒瑞医药个股区间统计结果（2011年8月31日—2015年6月30日）

从图2-6和图2-7可以看到，从上证指数6124点到5178点的两个牛市高点之间的时间间隔共计92个月，因此取中间位2011年8月为耐心等待的买入点位。经过权息校正，买入价格为2011年8月31日收盘价，卖出则是5178点牛市见顶后的月末，即2015年6月30日。约4年时间，买入恒瑞医药可以获利136.8%，年化收益率约为23%。

接下来是确认牛市之后再买入，之前以稳健理财为主，稳定理财年化收益率预设为5%。2015年2月27日—2015年6月30日恒瑞医药月K线图如图2-8所示，其个股区间统计结果如图2-9所示。

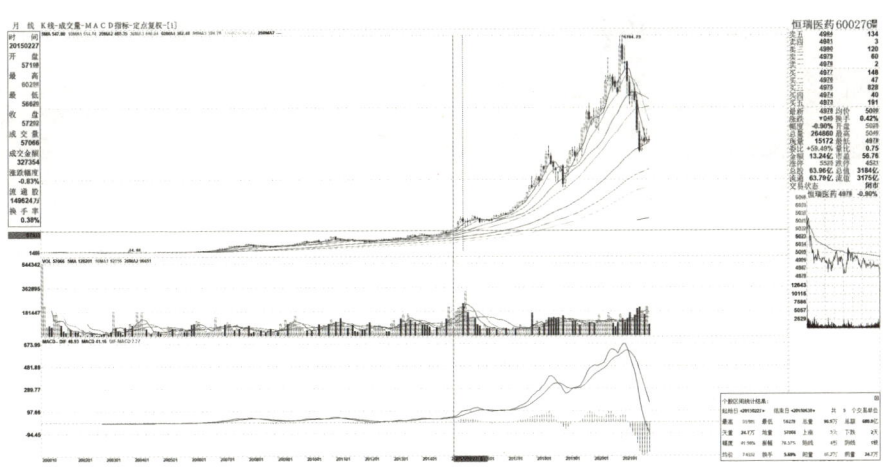

图2-8 恒瑞医药月K线图（2015年2月27日—2015年6月30日）

5178点的这波牛市是以1849点为起点，共计涨了3329点，那么按照之前的预设选择 2015 年 2 月 27 日也就是点位在 3310 左右的时候建仓，同样到 2015 年 6 月 30 日卖出。差不多 4 个月的时间获利约 42%，加上之前时间的理财收益，我们来计算一下总的收益：$1.05^4+0.42≈1.6355$，获利总计 63.55%，年化收益率约为 13%，整整相差了 10 个点，差距不可谓不大。

起始日 ◀20150227▶		结束日 ◀20150630▶		共	5	个交易单位	
最高	95991	最低	56279	总量	90.9万	总额	680.8亿
天量	24.7万	地量	57066	上涨	3天	下跌	2天
幅度	41.96%	振幅	70.57%	阳线	4根	阴线	1根
均价	74922	换手	5.69%	阳量	66.2万	阴量	24.7万

图 2-9　恒瑞医药个股区间统计结果（2015 年 2 月 27 日—2015 年 6 月 30 日）

或许一次牛市不能说明问题，那么再选一次牛熊转换期，这次是从 2245 点到 6124 点，时间间隔为 77 个月，取 2004 年 7 月为耐心等待买入点位，在 2007 年 10 月末卖出，同样选择恒瑞医药，2004 年 9 月 30 日—2007 年 10 月 31 日恒瑞医药月 K 线图如图 2-10 所示，其个股区间统计结果如图 2-11 所示。

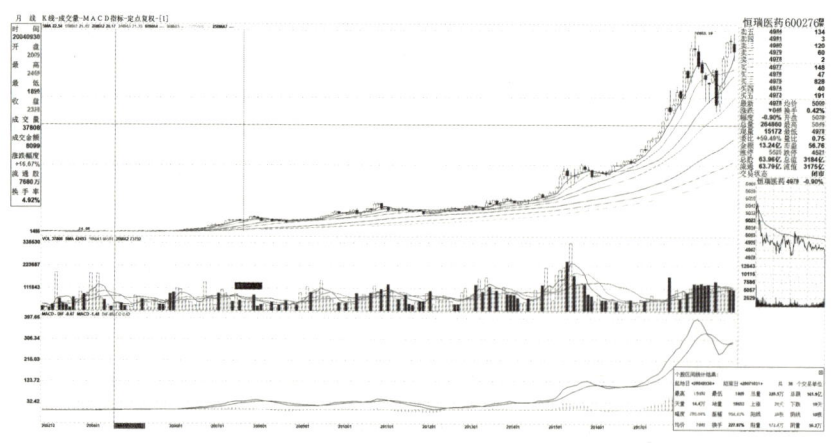

图 2-10　恒瑞医药月 K 线图（2004 年 9 月 30 日—2007 年 10 月 31 日）

第二章 A股不适合用巴菲特的投资理论？

图2-11 恒瑞医药个股区间统计结果（2004年9月30日—2007年10月31日）

这次的获利更夸张，共计3年零1个月的时间获利高达780%，年化收益率更是惊人地高达98%。

那么确认牛市之后买入是什么情况呢？2007年3月30日—2007年10月31日，恒瑞医药月K线图如图2-12所示，其个股区间统计结果如图2-13所示。

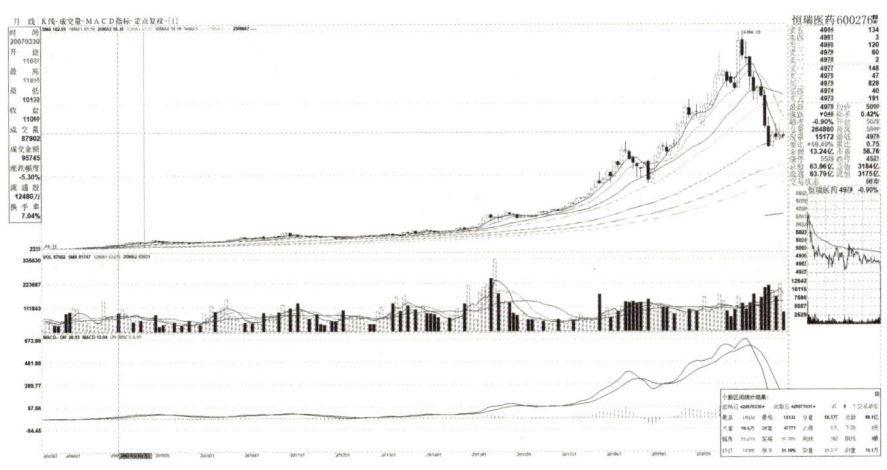

图 2-12 恒瑞医药月K线图（2007年3月30日—2007年10月31日）

共计7个月的时间内，获利仅有51%，加上稳健理财的收益，年化收益率不到19%，差距高达79个百分点。我相信聪明的读者都知道应该如何选择。什么？你说你就喜欢三分，上空篮没难度没挑战，偏要扔超高难度的三分。那好吧，我只能祝你好运了。

个股区间统计结果：

起始日 ◂20070330▸　结束日 ◂20071031▸　共 8 个交易单位

最高	19992	最低	10133	总量	58.3万	总额	88.1亿
天量	10.6万	地量	47771	上涨	5天	下跌	3天
幅度	51.01%	振幅	97.30%	阳线	5根	阴线	3根
均价	15098	换手	31.10%	阳量	39.3万	阴量	19.1万

图 2-13　恒瑞医药个股区间统计结果（2007 年 3 月 30 日—2007 年 10 月 31 日）

四、坏消息与好企业：低估才是投资的良机

首先要明确什么是好企业，好企业并不是大部分人所认为的那样，好企业不等于新兴热门行业的企业，在新兴热门行业里面挖掘好企业被证明是吃力不讨好的事情。这些行业吸引了太多的关注，而且竞争极其惨烈，如果行业准入门槛不高，会迅速涌入大批竞争者去淘金，然而最终只有极少数人能脱颖而出。

到了那个时候，这个新兴热门行业往往已经转变成了成熟行业，大部分的投资者都会铩羽而归，正因为太热门，所以才会付出极大回报极少。正像上海的迪士尼乐园一样，永远都在排队，甚至热门项目的排队时间长达数小时，用数小时的时间换来几分钟的娱乐，显然不能称之为超值。

正如巴菲特所说的："伟大的企业必须有伟大的护城河。"伟大才能获得超额收益，如果投资于竞争惨烈的热门行业，是很难获得超额收益的。与之相对应的是垄断行业，只要某行业有个巨无霸级别的垄

断企业，它所在的行业一般都是死气沉沉的，但是垄断企业却能吃得满嘴流油。并不是说竞争不好，恰恰相反，竞争能带来创新，能推动社会发展进步。但作为投资者，特别是不想亏损的投资者，最好不要轻易去碰新兴热门行业。

新兴热门行业就像是培养年轻球员，除了情报以外，成功与否非常依赖运气，你不妨等这些"球员"脱颖而出之后再去投资，虽然这比他们还是菜鸟的时候收益要低许多，但是可以避免掉坑。况且，当他们变成"球星"甚至"超级球星"之后依然还有一定的发展空间，这时再去投资也不迟，同样能取得不错的收益。

或许有人会认为高风险意味着高收益，说不定运气好——投资的正好是脱颖而出的龙头。人生能有几回搏，搏一把说不定就翻身了。但是，不要以为你投资新兴产业的带头大哥就能"稳坐钓鱼台"而大赚特赚，即便你投资的是龙头，也可能没什么收益。

最有代表性的例子当数光伏龙头无锡尚德。 在 2006 年曾兴起过一股新能源光伏投资的热潮，头部企业无锡尚德当时风光无限，掌门人施正荣甚至一度登上财富榜榜首。然而好景不长，2013 年 3 月 20 日，全球四大光伏企业之一的无锡尚德太阳能电力有限公司经无锡中级人民法院裁定实施破产重组。早在 2012 年 9 月 24 日，无锡尚德就因收盘均价连续 30 天低于 1 美元，收到纽交所的退市警告。无锡尚德的投资人基本都铩羽而归。

而 2017 年的共享单车热潮同样是一地鸡毛。 当时的头部企业是摩拜和 ofo，现在摩拜已经"卖身"给美团，结局还算是圆满，而 ofo 还在找钱退还用户押金。至于现在热炒的"元宇宙"概念，我觉得也不会有什么本质区别，最后头部企业能脱颖而出已经是不错的结果了，大部分妄想暴富的投资人等来的很可能是暴亏。与之相对应，那些业务耳熟能详的传统企业反而活得挺滋润，特别是那些垄断性质的明星企业，就像球类运动的超级巨星一样，持续稳定地为你的收益做出贡献，为什么你非要去搏一把呢？

接下来，我们再以职业体育为例。假设你现在是一位 NBA 的职业经理人，你会在乔丹总决赛场均 32 分 +6 篮板 +12 助攻，投出 55%+ 的投篮命中率夺取生涯第一冠的时候交易他吗？那么，你会在斯蒂芬·库里全票获得 MVP（NBA 最有价值球员奖）且还在"童工"合同期内，年薪仅有 1200 万美元的时候换取选秀权吗？你会认为让迈阿密拆散巅峰三巨头换未来多年的选秀权是个好主意吗？

或许你不喜欢篮球，那么以足球为例也可以。你会在 C 罗、梅西的巅峰期的时候卖掉他们赚取转会费吗？你会卖掉马拉多纳换来卡尼吉亚吗？理由仅仅是他们已经到了价值巅峰，虽然他们对球队非常重要，地位无法取代，但是他们已经没有了成长空间，所以我们准备高抛低吸，买入更有潜力的新星。

如果你这么做，我敢肯定俱乐部老板一定会炒你的鱿鱼。要知道这些人可都是超级巨星，可遇不可求，一旦拥有别无所求。同样的道理，为什么一定要卖掉那些超级明星股呢？是因为它们之前涨太多了，还是因为这几天跌了十几个点呢？正如，最近 C 罗状态不好，好几场都在开"高射炮"，你就卖了他？詹姆斯最近感觉不佳，只肯飘在外面投篮，命中率奇低，只会在关键时刻甩锅，然后你马上去寻求交易？显然，只要不是发生根本性的变化，这些短期的表

第二章 A股不适合用巴菲特的投资理论？

现都无足轻重。只有这些超级巨星遭到会导致职业生涯终止的大伤之后，你才应该考虑交易。

换过来说，企业也是一样的，只要这些负面情况没有影响到企业的基本盘，这些情况都无伤大雅。只有出现严重影响企业未来预期的变革或者发生重大事件的时候，你才应该考虑卖出该企业的股票。换言之，并不是所有的坏消息都是买入好企业的投资良机，或许现在的好企业会因为某个事件变成未来的平庸企业。

对于A股市场来说，最经典的案例莫过于四川长虹了。在显像管时代，四川长虹是绝对的王者，无可争议的行业老大，长期的绩优高价股，其地位堪比现在的"股王"茅台，甚至可以说现在的茅台就是以前的长虹。

但是，好景不长，一场显示技术的变革来临，液晶技术逐步取代了显像管技术成为主流。在这个转换期，不要说四川长虹了，就是显像管时期的业界老大——索尼也没反应过来，依靠特丽珑技术横扫天下的索尼最终在液晶时代泯然众人。但是索尼毕竟家大业大，终于还是挺过来了，而长虹就没这么雄厚的技术实力了。就这样，囤积了大量显像管的四川长虹经营状况每况愈下，没多久就失去了行业老大的地位，直到今天也没缓过神来。

而与之相对应的案例是塑化剂事件对白酒行业的冲击。在2012年11月19日，酒鬼酒被上海天祥质量技术服务有限公司检测出塑化剂超标2.6倍。仅仅一天，不仅酒鬼酒紧急停牌，白酒板块也遭受重创，两市白酒股总市值蒸发近330亿元。其中，沱牌舍得、老白干酒封死跌停，金种子酒逼近跌停，水井坊、泸州老窖、洋河股份跌了近

8%，五粮液、伊力特跌幅逾7%，即使是贵州茅台跌幅也达4.61%。但是，之后的事情相信大家都已经知道了，2012年11月19日逢低买入白酒股并且坚持到今天的投资者绝对是人生赢家。

那么这两个案例之间的区别是什么呢？首先，液晶替代显像管是大势所趋，这是技术进步使然，不受人为意志所左右，所以无论四川长虹的行业地位有多高，消费者不买账也没用。囤积了大量技术落后的显像管，在市场不买账的情况下，库存的压力再加上技术转换不顺利，四川长虹的一蹶不振也就在意料之中了。

接下来看塑化剂事件。塑化剂是致癌物，对身体有害已经是全社会的共识，白酒行业的塑化剂超标也是事实，不仅酒鬼酒，而且其他白酒（包括五粮液和茅台的产品）都检出过塑化剂超标。但是这并不是一个不可逆事件，通过整改、技术优化可以使白酒的塑化剂含量达标，况且中国的酒文化源远流长，即便在短时间内受到事件冲击导致消费低迷，中长期必然会有所反弹。经过调整之后的白酒股价格低廉且中长期的前景几乎没有变化。理所当然，这是价值投资者低价买入的良机。

因此，没有损害到企业根基的坏消息就是天赐良机，当企业的噩耗来临之际是应该逃跑，还是拿好大盆去迎接呢？聪明的读者想必已经有了自己的答案。

五、分散投资还是集中投资：应该把鸡蛋放在不同的篮子里吗？

分散投资是力图使投资风险最小化的一种投资方法，但是要注

第二章 A股不适合用巴菲特的投资理论？

意,你必须要确认是"真分散"还是"假分散"。如果你分散买入同一板块的不同股票,分散投资的效果将大打折扣,基本属于"假分散",像这样的分散投资并不能帮你对冲风险。而且,如果投资过于分散等于在投资股指,那么更好的选择是投资指数基金。

如果你没有时间和精力去详细研究个股,分散投资的确比集中投资的风险更小。但是就像巴菲特推荐的那样,如果想分散投资,那么购买成本低廉的指数基金才是最佳策略。与随意分散投资个股相比,买入指数基金更省时省力,甚至效果更佳。

2007年11月,巴菲特认为指数基金能跑赢大部分的其他基金,为此他在一家慈善赌博网站上发起了一个非常有趣的赌约(赌注金额为50万美元):在未来十年内(2008—2017年),任何一位职业投资者挑选的至少5只主动型基金的表现将落后于标普500指数基金的表现。

当赌约公开后,本以为会蜂拥而至接受挑战的基金经理们却都寂静无声,最后只有一位基金经理接受了挑战,他就是泰德·西德斯。西德斯选择了5只对冲母基金(投资于多个对冲基金的基金),这5只基金投资了超过200个对冲基金,意味着母基金的表现不会被某个子基金的表现扭曲。也就是说这是综合了200多家对冲基金与标普500指数基金的对决。十年赌约始于2008年1月1日,截止日为2017年12月31日。然而,除了2008年金融危机的时候,母基金的组合优于标普500以外,其余9年,都是标普500胜出。

最终在这十年内,巴菲特指定的标普500获得了125.8%的收益,而5只母基金分别取得21.7%、42.3%、87.7%、2.8%和27%的收益，加权平均后的收益率只有36.3%，完败给了指数基金。诚然，这次赌局有一定的偶然成分，首先母基金的费用成本大大高于指数基金（这也是对冲基金的劣势之一），另外，对冲基金会结合做多做空的策略，在单边长牛的行情下并不利于对冲基金的发挥。但125.8%与36.3%的结果对比依然让人感到震惊。

看过上述的赌约，或许有人会认为："果然还是分散投资好啊！照你这么说，我们大家都不要学习巴菲特的价值投资了，大家都去投资指数基金就好了，省时省力也能赚不少。"事实却并非如此。首先，2008—2017年这十年美股为长牛，而A股则"躺平"，两个市场的实际情况有天壤之别；其次，单就指数基金十年125.8%的收益率就不太够看，将这个十年收益率转换成年化收益率，大约是8.5%，这对于指数基金来说表现得相当不错了，但是，这个收益率和投资大咖动辄两位数的投资收益率还是不能比的。

前面已经提过采用分散投资的投资策略主要是为了规避风险。那么，当你精研个股并且以合理的价格买入之后，本身就已经大幅降低了投资风险。个人的精力是有限的，就连巴菲特都曾经说过："在整个投资生涯中，我们不可能做出成百上千个精明的决定。由于伯克希尔的资产迅速膨胀，以及会明显影响我们业绩的投资空间急剧收缩，使得我们必须做出精明的决策。因此，我们采取了一种仅需几次精明——而不是过于精明——的战略，事实上，每年有一个好主意对我们来说就够了。"就更不用说业余投资者了。

业余投资者的时间、精力都极其有限，专注于几家企业的效果比博而不精更有效，但同时也要避免孤注一掷，孤注一掷地只投资一家

第二章　A股不适合用巴菲特的投资理论？

公司意味着出现突发状况时将大幅亏损，这违反了投资的铁律——不要亏。

当确立了相对集中的投资策略之后，你要考虑的就是如何进行合理配置。具体来说，就是要看你对各个行业的了解程度了，对行业的详细分析将在第三章的第四部分说明。除了对各个行业的认知，投资时还应该考虑一下股票的类型，即使是同行业的股票，它们的类型也是有所区别的。总体来说，股票类型有巨型航母型、稳健成熟型、高速成长型、资产富裕型、周期型和转型重组型几种。

从字面上即可发现，巨型航母型也就是行业巨无霸级别的公司，一般都没有太多的成长空间，相比于其他类型，低波动、低风险、低收益是这类股票的特点。不过，也有少数巨型航母型的公司具有垄断地位，拥有垄断地位的这类股票通常都会有不错的收益。

接下来是稳健成熟型，也就是通常所说的绩优股，其特点是有一定的行业地位，经营稳健、业务成熟、收益适中，碰上好年景或许会有惊喜，当然也有踩雷的可能。毕竟这是A股市场，一年绩优两年绩平三年绩差为常态，但与其他大部分的股票类型相比，其风险还是偏低。

高速成长型一般都在中小板、创业板或者科创板上市，按照A股市场的一贯传统，高速成长型的公司是遍地都是雷的地雷阵，从IPO（首次公开募股）起估值就居高不下，发行市盈率上百也是司空见惯，短期剧烈波动暴涨暴跌都是常态。当然，既然是高速成长，必然会有暴富的机会，只是在A股市场这样的机会太少，更大的可能是变穷，投资这种类型的股票要三思而后行。

资产富裕型往往都有大笔资产，例如专利、特权、商誉、投资股权等。但是，在现有的会计制度下并不能很好地评估资产富裕型企业的全部资产。换句话说，有不少资产是隐藏在海面之下的冰山。这也就带来了一个问题——资产富裕型公司的账面往往看起来平平无奇，实际却暗藏玄机，需要你深度挖掘。

例如采矿权，也许今年还不是什么大不了的资产，但是明年这种矿产的价格一飞冲天，采矿权瞬间升值数倍，投资这样的企业风险其实不高，但是回报非常丰厚，绝对是梦寐以求的投资标的。投资资产富裕型公司的股票，其最大的难点在于猜——很难保证你能挑中。当然，在一般情况下，即便挑错了也不会有太大损失。

周期型与资产富裕型有点类似，都可能获取超高收益，但是它们之间最大的区别是挑错资产富裕型并不会让你损失惨重，而周期型则不一样，一旦踏错周期可能就是万劫不复，所以投资周期型的股票必须保证你的成功率，和前面所介绍的高速成长型一样，投资之前必须慎之又慎。

最后就是转型重组型。这个类型的股票在A股非常好找，因为基本都戴上了"帽子"，也就是ST板块。一般来说，价值投资者都不会去碰转型重组型的股票，但是凡事也没有绝对。例如原来的中国远洋（601919，后改名中远海控），曾经也陷入过困境，一度"披星戴帽"，但是像中国远洋这样体量的公司，转型重组的成功率非常高，这也算是价值投资者的投资良机，一旦遇到就绝对不要错过。

总之，在决定自己做研究、自己做投资决策的时候，你不用过多地考虑分散的问题。把鸡蛋放在不同的篮子里面意味着你没有精力照

第二章　A股不适合用巴菲特的投资理论？

看好所有的篮子，必然会顾此失彼、有所损失，甚至还有打翻所有篮子的风险。正确的做法当然是将鸡蛋放在几个篮子里，然后盯紧篮子。这样做不仅能让收益最大化，而且还能大幅降低投资风险。

第二部分

A 股的投资分析：手中有粮，心中不慌

第三章
做好分析前的准备

一、这个世界上最痛苦的事情：机会来临的时候没钱投资

首先，要明确一个概念。很多人都认为"投资"意味着风险，因为怕有风险，所以不投资。但是，颠覆大部分人常识的是——**其实几乎所有人都在投资，因为储蓄也是一种投资**。像存款、大额存单这样的储蓄其实也是投资工具，它们具有低风险、低收益的特点，安全可靠、容易变现是其最大的优点。

然而，储蓄类投资的缺点也是显而易见的，它们的利息通常都跑不赢通货膨胀，这意味着投资在慢慢地不断亏损。把钱存在银行或者买入类似存款的理财产品是看似安全实则危险的一种投资方式。当然，并不是说不要有存款，存款类投资的便利性是大多数其他投资所不具备的，当你需要一笔钱救急的时候，没有什么投资比存款更方便可靠。

更何况，所有投资的根本都是存款，在毫无积蓄的情况下，你是无法进行任何投资的，无论收藏、房产、债券还是股票，都需要一定的积蓄。**所以，存钱是投资的第一步，你必须要有积蓄，否则一切都无从谈起。**

说起存钱，往往就会听到诸如"挣得太少，入不敷出啊！存不了钱。""我就是一个'月光族'，还没发工资就没钱了。""我就靠'花呗'撑着，你还要我存钱啊！我只有贷款没有存款。"然而，这些人在手机、球鞋、包包、化妆品、游戏充值上面都是"豪无人性"，所以不是没钱，而是比起攒钱更愿意花钱，尤其是在喜欢的事物上更愿意花钱罢了。

所以，试着减少一点非必要的花费，把钱攒下来，然后再试着去投资，如果亏了就当作消费了，至少也能获得一定的投资经验。当机会来临的时候，如果仅仅因为没有积蓄而错失良机，将来必定会后悔不已。

"不要轻易满仓！"这句话想必很多人的耳朵都听出老茧来了。然而，有人还是管不住自己的手，知道满仓的坏处，但是一不小心又满仓了。这不叫投资，这叫豪赌。

投资最重要的是不亏，尤其是不能折损本金，满仓意味着没有了退路，大大增加了亏损本金的可能性，这是投资大忌。满仓等于孤注一掷、背水一战，意味着放弃了其他的机会，要付出巨大的机会成本代价，无论你的投资标的接下来走势如何，市场上有其他的天赐良机都和你没有任何关系了，因为你满仓了。

即便你反悔抛售，也会付出很大的代价——在大多数的情况下，选择反悔抛售通常意味着满仓的判断是错误的，满仓反悔一般都是因

第三章 做好分析前的准备

为股票走势不理想——抛售会造成切实的损失，不抛意味着你要放弃好机会。当机会来临时，没钱投资是最糟糕的情况。

其实反过来也是一样，选择空仓也很糟糕，空仓同样有巨大的风险——市场走出逼空行情，而你手上没有了股票。

不管满仓还是空仓，都意味着你在单边做多（空），这会使你失去客观性——对利好（空）照单全收，对利空（好）视而不见，心理学上管这个叫"确认偏见"，也就是"屁股决定脑袋"。投资的决策顺序应该是先找好理由再去投资，没有把握不出手，不见兔子不撒鹰，而且你必须做好决策失误的准备，减亏也是投资中很重要的一环。

但是你已经做了"确认"，并且是孤注一掷的"确认"，因此你会忽视一切违背"确认"的消息，自然就失去了客观性。这对减亏是非常不利的，这也是为什么很多人会深套（追高）的原因之一。

"我就这么一点点钱，随便一买就满仓了。""不是我想满仓，我实在没钱投资，只能挤出这么多，很容易满仓。"大多数初入股市的投资者都有这样的烦恼。

其实，这也是笔者当初投资股市采用的策略，作为资金量很少的小散，投资起来处处受限：中高价股门槛太高，根本买不起或者只能买一两手，一买就是满仓，一卖就是空仓；即使买中低价股，手中资金也买不了多少，更不要说分批买入了，就是稍微分散一下投资都很勉强；如果只投资低价股，又会陷入巨型航母和垃圾股的集散地，在低价股的地摊上淘宝的难度很大，只投资低价股的收益率往往不能让人满意。于是，很容易就陷入"不是满仓就是空仓"的恶性循环之中。

诚然，资金量太小投资起来很麻烦，对此提供以下几点建议供读者参考。

（1）继续增加自己的储蓄，同时直接定期投资指数基金和玩虚拟投资的游戏。因为指数基金本身就是分散投资，所以可以选择直接投资指数基金，而玩虚拟投资的游戏可以增加自己的投资经验。这种策略的缺点是：由于 A 股长期"躺平"，定期投资 A 股的指数基金获利可能不是很理想；虚拟投资所带来的经验永远不如实战可靠，等你真正进入实战的时候，可能之前的投资经验对你的帮助极其有限。

（2）买入两三只明星中价股，采用相对更为集中的策略来应对资金量匮乏的投资初期。这种策略的缺点是风险相对更高，你需要有一定的学习准备期。由于资金量较为匮乏，你很难分步建仓，所以你必须更加慎重，做好功课，精研个股才能提高成功率。这也是笔者当初投资股市采用的策略，这种策略更适合有时间和精力自己研究并且能承担一定损失的入门投资者。

（3）直接投资低价股，但是范围限定在巨型航母型，这样的好处在于即便资金有限，你也可以适当分散投资、分步建仓，同时巨型航母的质量要远强于低价垃圾股，找到合适的价位投资巨型航母的风险相对较小，甚至某些行业的巨型航母还能给你带来惊喜。

这种策略的缺点是巨型航母型的股票几乎没有爆发力，大多数时间它们和大盘一样处于"躺平"状态，即便你买入的价格非常合理，甚至超值，你也要经过漫长的等待才能等来它们的价值回归。周期型的巨型航母甚至有账面浮亏的风险，这种策略更适合不甘心投资指数基金、没有充足的时间和精力精心选股、风险承担能力低又希望能积累实战经验的入门投资者。

二、搭便车还是自己分析：由庞氏骗局得来的经验教训

如果你已经存好了一笔钱，准备开始投资股票，那么，接下来的问题才是重点——你准备如何选股呢？面对这个问题，恐怕大部分新入门的投资者都会犯难。你可以选择扔飞镖随机选股；也可以在地铁、公共汽车、网络贴吧等公共场所或者朋友同事那里听小道消息；或求助身边的民间高手，让他们推荐；或听取报纸、网络、电视台的专家意见，买入他们推荐的投资组合；或直接买私募基金，让专家团队代为打理；还可以自己分析、自己研究、自己决定。

首先来分析一下看起来最无厘头的扔飞镖随机选股的方法。估计大部分人都会认为这有什么好分析的，但是，实际上随机选股确实有实际的实验数据支持。

早在1973年，美国著名学者伯顿·马尔基尔在他的畅销书《漫步华尔街》中列举了大量证据证明股票价格波动完全随机，所有号称有能力预测的专业人士都是大忽悠。他在书中声称："把一只猴子的眼睛蒙起来，让它投飞镖选股，最终得到的回报率都能和专业的基金经理差不多。"

于是，2012年英国的一家观察者（Observer）杂志社借这个话题举办了一次非常有趣的选股大赛。他们邀请了3支队伍——奥兰多（一只可爱的小猫）、职业基金经理和一群中学生。各队的初始投资资金都是5000英镑，让他们分别选5只股票进行投资，每3个月可以

更换一次股票，比赛截止日是 2012 年 12 月 31 日。

"喵菲特"奥兰多是利用塑料老鼠玩具来选股的，工作人员让奥兰多将塑料老鼠扔到金融报纸上，停在哪只股票上就帮它买入。结果不出所料，果然是"喵菲特"赢了，奥兰多以 542 英镑的投资收益折桂，收益率高达 10.84%；而职业基金经理只赚了 176 英镑；中学生则是亏了 160 英镑。

当然，"喵菲特"赢了比赛也是有偶然因素的——这只是 1 年的投资比赛，"喵菲特"可能运气很好，猜中了一只大牛，但是你能肯定你也有"喵菲特"的运气吗？而且，你认为"喵菲特"能数十年都达到这个收益率吗？这显然是几乎不可能的事情。

这次实验只是证明了某些投资专家有多么的胡扯而已。况且，之前介绍过的混沌理论也列出证据证明了股票市场并非完全随机。因此，采用随机选股最大的好处还是省事，但这并不能帮助你战胜大盘，如果想省事，最好还是听取巴菲特的意见选择指数基金为好。

接下来谈谈小道消息选股。你可能会从公共交通设施上、网络上、亲戚朋友那里听到某只股票将有重大利好，即将大涨的消息。尤其是偷偷打探到的消息，这更让人激动。聊天的这些人可能就是某公司的内部知情人士，也可能是某著名基金的从业人员，他们确实有确切的消息，这些消息的确有参考价值。

但是，也仅仅是参考价值而已，你并不能确定这些小道消息的真实性，很可能这些消息只是谣传，根本就是子虚乌有。又或者是某些别有用心的人故意散布这些小道消息来吸引别人接盘，他们故意大量散布这些小道消息，哪怕成功率只有 1‰，这些相信的人还会继续帮他们散布。况且，散布小道消息几乎没有成本，只要有人相信他们就能得益，而被骗到的人只能默默哭泣。

或许有人会说：我可以搭便车，我家隔壁的老王是投资大咖，我可以找他，让他帮我推荐股票。他可是我的朋友（亲戚），抬头不见低头见，总不至于故意坑我吧。但是，你要知道认识投资大咖本身就有门槛，大部分人没有这样的机遇。更何况，很多所谓的大咖都是夸大其词而已。所以，你必须要确认他们没有故意吹嘘夸大自己的实力，而这对于一个门外汉而言，几乎是不可能做到的。

如果你身边有这样一个伪大咖，当你希望他们能推荐股票的时候，他们要么含糊其词，要么就随便说一个。他们当然不会故意骗你，只是他们不希望自己的西洋镜那么早被戳穿而已。或许能蒙对呢？这样，他们的大咖身份就能继续保持下去。

再者，即便你身边的是真大咖，他也不一定肯推荐股票——没人能保证自己不犯错，就连大师级的人物也不例外。"股神"巴菲特犯过很多错误，彼得·林奇曾说过他犯过的错误能写成一本书，笔者犯过的错误更是多如牛毛，足可以编成好几本字典。所以，很多真正的大咖多半都只谈理论知识，很少会推荐股票。

下面重头戏来了，让专家选股怎么样呢？他们可是专家啊，特别是那些已经证明过自己的专家，选择他们推荐的投资组合从长期来看肯定能战胜上面的"喵菲特"吧。如果是靠谱的专家，他们公开发表自己的观点之前肯定是经过一番仔细研究的。但是，你不能保证专家不会改变自己的想法，毕竟市场是不断变化的，而他又是专家，理所当然会随机应变。

而且，他也不是你的亲朋好友，改变观点的时候他绝对不会通知你，所以你依然可能会吃亏。更何况，某些声名显赫的专家其实就是名"砖家"，而普通人根本无法分辨出谁是专家，谁又是"砖家"。

比如"庞氏骗局"就源自知名的"砖家"查尔斯·庞兹，他曾经声名显赫，差不多有4万名波士顿市民成为庞兹计划的投资者。这个投资计划说起来很简单，就是投资欧洲的邮政票据，然后再卖给美国，就可以从中赚取大额差价。

庞兹一方面故弄玄虚，一方面承诺高额的回报，他宣称在90天之内就能获得40%的丰厚利润，并且还让最初的那一批"投资者"尝到了甜头。于是，后面的"投资者"蜂拥而至，前面的"投资者"依靠后来者的资金维持住骗局。当然，最终骗局破产，大多数的"投资者"都被骗得一干二净，庞兹也破产了。

至于我们的大A股市场中，也有廖英强这样的"砖家"作为"榜样"。他曾一度在第一财经知名栏目《谈股论金》中风光无限，风头最盛的时候甚至还有以他命名的周播节目《英强开讲》。之后，他利用自己"名嘴"的影响力进行"抢帽子"交易——先买入某股票，然后公开推荐，让散户抬高后再卖出牟利。

他曾被证监会（中国证券监督管理委员会）开出1.29亿元的天价罚单，居然还叫嚣"就当花1亿多做广告"，并且还因拒缴罚款被列为老赖。所谓的"名嘴"其实就是个"黑嘴"。最终，他落了个身败名裂、锒铛入狱的下场。但是，损失最惨重的无疑是相信这些"砖家"想搭便车的普通投资者。在无法分辨的情况下，偏听偏信某些"砖家"的片面之词是有巨大风险的。

至于直接买私募基金，让专家团队代为打理，也会碰到与听信专家荐股一样的问题。而且买入私募基金对于资金要求非常高，对普通人来说就像是高岭之花，可望而不可即。因此，最佳的选择毫无疑问就是相信自己。

最后的选择是门槛最高的选择，也是最佳、最靠谱的选择，那就是自己分析、自己研究、自己决定、自己选股。 说出来肯定很多人都不信，其实很多投资者都会忽略自己的投资优势，他们成天都在和投资的潜在标的打交道而不自知。别不信！下面就举几个典型的例子来详细说明一下。

作为社会人，我们每天都会和别人交流接触，我们中的绝大多数既是客户也是雇员，既是消费者也是产品服务的提供者。当你选择一家快餐连锁店用餐时，你可以迅速判断出这家店铺的人气如何、提供的服务怎么样、口碑如何、待客傲慢还是服务周到。

你可以仔细观察服务员的精神面貌，通过服务员的行为举止甚至可以察觉到餐厅老板究竟是苛刻还是厚道。对于上市公司也是一样的，每家上市公司都会提供它们的产品与服务，你可以从顾客的角度来了解上市公司，通过体验它们提供的产品、服务，以此来评价它们的产品、服务是否有竞争力。

另外，你还可以观察一下身边的亲朋好友是否会推荐它们的产品，电商定期公布的销量榜上是否有它们的一席之地，它们的产品是供不应求还是销不出去。或许你不在上市公司上班，但是，你的公司可能和上市公司之间有业务往来，你同样有机会去详细了解上市公司的运营状况。

假如你是一名医生，你肯定会知道哪家药厂的药品紧俏，你们医院的药房喜欢进哪家药厂的药，那你为什么不去买医药公司的股票而是去买机械制造业的股票呢？如果你是餐饮业的从业人员，你肯定知道哪种酒更受欢迎，哪家酒厂的酒销路好，你们饭店喜欢用哪家的调味品，那你为什么要放弃自己的优势，而是去买造船厂的股票呢？大型购物中心的经理肯定知道自己购物中心的销售额，所以他们肯定也知道哪些品牌的专柜销售火爆，哪些厂商的产品根本卖不出去，库存堆积如山，就快撑不下去了。

但是他们依然可能会去投资那些撑不下去的厂商，理由是这些企业的股价低廉，要知道价格低和价格便宜是两回事，在第四章和第五章会详细解释一下这两者之间的区别。

作为一名投资者，应该好好思考一下经常被自己忽略的自身的优势。我们在各行各业工作，每天都和潜在的投资对象打交道，却从来没有想过利用自己的优势来提高投资的收益率。或许他们从来没有考虑过自己投资者的身份，因此也没有察觉到投资对象就来自自己的日常生活。

一旦你用投资者的眼光来打量日常，你就会开启一扇门，发现一个新世界。你在关注潜在投资标的的同时，还会不自觉地去关注它的竞争对手，或许它的竞争对手做得更好呢？你会这样想，不知不觉就扩大了投资范围。

这时，你就会去关注**财务报表——依靠数据而不是直觉去判断哪家公司干得更好**。或许你会为此发愁，因为你根本搞不清楚这些数字到底意味着什么。没关系，第五章将会介绍财务报表中数字的含义。但是，你不能过于重视这些数字，毕竟它们只代表过去。正如彼得·林奇所说的那样："你无法从后视镜中看见未来。"这些数字只能代表这家公司的历史，将来它会如何发展谁都不知道。我们要做的只是增加自己投资成功的把握，尽量将风险最小化，要做有把握的猜测，而不是盲目地扔飞镖。

三、从华尔街经久不衰的经典理论中管理好你的收益预期：无花果树与机会成本

当你决定走最靠谱但又最艰难的道路——自己做决策选股的时候，你肯定会茫然不知所措，不知从何处下手。那么，下面就以华尔街经典的投资理论作为开始吧。

假设有一位精明的老人拥有一棵无花果树，这棵树只需要稍微照料一下就能结出一大堆的果实，可以为他带来收入。老人的无花果树品质较高，卖出无花果的收入也非常稳定，平均每年1000元左右。然而，岁月不饶人，他越来越老，即便只是简单照料一下无花果树也越来越力不从心。于是，老人希望退休享受一下生活。虽然很不舍得，但是他依然决定卖出这棵无花果树。那么，问题来了，如果你是买家，你会出价多少买这棵树呢？下面给出几个选项供你参考。

（1）这棵无花果树砍掉当柴烧能值500元，所以你就出价500元。

（2）明年产出的无花果价值1000元，所以你出价1000元。

（3）这棵无花果树除了当柴烧的500元价值以外，还有当期产出的无花果价值1000元，所以你打算出价1500元。

（4）根据无花果树的寿命来计算，大概还能继续产出 30 年左右，那么总体产出的无花果价值 30000 元，因此你出价 30000 元。

（5）当你听说有人愿意出价 30000 元买入时，因为你非常喜欢这棵无花果树，并志在必得，于是你决定开价 31000 元来竞争。

（6）你提出要查看账目，老人答应了你的要求。你从账目上查到这棵树起初的购入价格是 800 元，因此你提出按照老人的购入价格成交，也就是 800 元买入。

（7）你同样要求查看账目。在详细查看了账目之后，根据成本、机会成本、预期收益率、现金折现率等各项系数的综合考量，你得出 2500 元的价格，因此，你准备用 2500 元的价格买入这棵无花果树。

下面详细分析这 7 个选项。首先，我们先来看第一个选项。先换位思考一下，假如你是那位老人，你会同意 500 元的出价吗？把这棵能每年产出 1000 元收入的无花果树当烧材卖的人，恐怕自己才是烧材。

如果我们将无花果树看成一家公司，你会对一家经营业绩长期良好的公司进行破产清算吗？答案当然是否定的，除非这棵无花果树突然得病不能再结无花果了，或者烧材价格飞涨，涨到能完全抵消无花果树未来产出的程度，否则任何人都不可能把这棵无花果树砍了当烧材卖。

接下来是第二个选项，即将明年的经营收入（请注意 1000 元是经营收入，并不是利润）当成是无花果树的价值，然而在正常情况下，无花果树在 1 年以后还会继续结出果实，产出的年限远不止 1 年，更何况无花果树当烧材卖还能值 500 元，很显然这个价格同样不合理，老人根本不可能接受这样一个价格。

第三章　做好分析前的准备

第三个选项考虑到无花果树的清算价值，比第二个选项合理，但是也仅仅是比第二个选项合理罢了。实际上，清算价值加上 1 年营业收入还是比无花果树的实际价值低得多，对于精明的老人来说，这个出价同样没有任何吸引力。

而选第四个选项的人一定是不差钱的人。如果你和老人没有任何关系，并且愿意出这个价，那你注定会清贫一生。老人应该会立刻和你签合同。而你绝对会成为一个"冤大头"——无花果树的未来产出只有 30000 元，而且还仅仅是营业收入，并没有扣除必要的成本。

退一万步来讲，即便这 30000 元都是利润，那么你的预期收益在哪里呢？你花 30000 元买入，在未来最多也只能获得 30500 元的收入，这点清算价值会被 30 年的通货膨胀吃得一干二净。可以肯定的是，第四个选项的 30000 元出价过分高估了无花果树的价值。

选择第五个选项的人显然是盲目相信了他人的判断，并没有进行独立思考。这和在投资中听小道消息是同一个道理，偏听偏信，还不如不听不信。如果真能碰上这么一个人，老人必然会乐不可支地大赚一笔。

选择第六个选项的人看似很精明、很专业，他想到了要去查看老人的账目，通过查账他知道了无花果树的购入成本价。然而，以成本价作为出价肯定达不成交易，因为这棵树的价值已远超它的购入成本价。无花果树购入价格可能只是无花果树苗的价格，它的成本还有老人的养育。这和想要用股票面值的价格买股票是同样的道理，基本是不可能的事。

最值得我们深入分析的当然是最后一个选项了。首先，你必须要明确的是这1000元产出并不是利润,而是营业收入。正所谓买的不如卖的精,老人故意混淆了营收和利润,造成利润很高的假象。实际上,这1000元的收入不但包括了利润,还包括了运输成本、打理无花果树所花费的人力成本、农药和肥料等必要的生产成本。

另外,购入无花果树以及运输无花果的运输工具的费用也应该一并算入,将这一费用在无花果树以及运输工具的生命周期内逐年分摊(折旧)。还有卖出无花果后需要扣除的税收也应该算在内,而这一点老人根本没有提及。所以这棵无花果树每年平均得到的利润并不是1000元,而是更低的一个数字。更何况,每年无花果的品质都不一样,甜度和产量会有一定的波动,加上运输和潜在恶劣天气所造成的实际损耗,这是作为一个投资者必须要考虑到的。

作为卖家,老人也必然会提出各种有利于自己的观点。比如,你可以继续改良无花果树,提高无花果的品质,增加甜度与口感,这样就可以在不牺牲销量的情况下提高价格;或许近几年风调雨顺能增加产量,这样无花果的收入就能有所提高;或者也会出现无花果需求突然大增,有可能供不应求,到时候无花果的身价飞涨,你就能大赚一笔;还可以说这棵无花果树的品种优良,完全可以留种育苗,未来就可以拥有一大片同等优质的无花果树林,虽然无花果不稀奇,但是优质的品种却非常稀缺。

老人说的这一切当然有可能实现,但是改良无花果树需要继续增加投入,比如更好的肥料、更悉心的照料,利用这棵优质无花果树来育苗也是一样,你必须追加投资才能产生效果。况且,你的投资也有打水漂的可能——折腾半天无花果还是老样子;这个品种的无花果树不适合育苗造林。而其他所谓的风调雨顺、需求大增也只是可能性而已，未来同样也有旱涝交加、需求大降的可能。**投资最需要明确的是确定性，这样才能使投资风险最小化**，然而以上的这些有利假设都没有确定性。

更重要的一点是机会成本。你一旦用这笔资金投资无花果树，那么意味着你放弃了其他的投资机会。投资并不都是高风险的，也有接近于零风险的投资，比方说存银行吃利息，或者买入长期国债，这些投资几乎都是零风险。

因此，当投资无花果树的时候，你的收益预期必须要高于这些无风险投资的收益，否则无法补偿你承担的风险。我们假设无花果树30年的年均毛利率为50%左右，净利率在40%左右，也就是说30年年均净利润为400元左右。而我国的10年期国债的年收益率约为2.8%[①]，30年国债的年收益率约为3.35%，换算成市盈率（P/E）分别约36倍和30倍。作为风险投资，你的预期收益率当然必须高于几乎无风险的国债收益率，如果以我国M2（广义货币供应量）的年增长率8%作为预期收益率，那么市盈率（P/E）就等于12.5倍。

这是很简单的一道算术题：400×12.5=5000。然而，你要明确的是，未来400元的购买力并不等同于现在400元的购买力，通货膨胀会不断地侵蚀你的购买力，所以你必须对这笔钱进行一个贴现操作。

也许卖方会对这个操作有疑问——无花果也会因通货膨胀而涨价，涨价幅度完全可以补偿通货膨胀带来的损失。这当然有一定的道

---

① 10年期和30年期的国债收益率都取自2022年2月。

理，但是通胀也意味着今后要加大投入才能保证产出，因为肥料、农药、汽油、人工等费用会随着通货膨胀一起上涨，税收也会随着无花果涨价而提高，可见，无花果涨价带来的利润增益可能会被增加的投资蚕食殆尽，因此要求折现完全是合理的要求。

为此你要确定一个折现率，将未来的利润折成现值。我们假定未来的通货膨胀率是5%，无花果涨价抵消一部分通胀带来的损失，将折现率设为2%，那么，$(1+0.02)^{30} \approx 1.8114$。我们将这个系数代入之前的公式中，得出：$400 \times 12.5 \div 1.8114 \approx 2760.3$。

当然，这只是理想情况。为了增加投资的成功率，这样的话就算出现意外情况你也能保证本金的安全，所以最好再加上一个安全边际系数（这个系数将在第四章详细讲述），将这个系数设定为非常激进的0.9，于是，最终结果变成了：400（净利率）×12.5（P/E）×0.9（安全边际系数）÷1.8114（折现）≈2484。最后，进行取整得出2500元的报价。

经过了以上的分析，聪明的读者觉得哪个选项更好、更合适呢？当然，上述实例并不是一成不变的，会随着无风险收益率、通胀率、税率等变量的变化而不断变化。与时俱进，是一个投资者必须具备的素质。

上述无花果树的买卖博弈，其实就是投资决策的一部分（在本书第八章将会用大量实例进行详细讲述），同时也说明了投资者与减资者之间的区别。当资产价格上涨的时候对于减资者是有利的，减资者希望他的资产价格越高越好；而投资者恰恰相反，希望以尽可能低的价格买入尽可能高的价值才是投资者所追求的。

所以必须要搞清楚自己到底是投资者还是减资者。这一点非常重要。如果你是投资者，为什么要为股票价格的飞涨欢呼呢？相反，低迷的股价才是你投资获利的基石。

四、找出你的投资天赋点，技能树可别点歪了：能力圈与投资决策

投资必须坚守一个简单的投资原则——不懂不做，不会不做。这就引出了本节要和大家好好聊聊的一个重要概念——能力圈。清楚自己的能力边界看起来是一件很容易的事情，但实际上却很难。客观评价别人都很难，更别提对自己的评价了。人们通常都有高估自身、贬低他人的心理倾向。

曾经有实验人员对 600 多位基金经理进行如下的抽样调查：你觉得你运营基金的水平比平均水平高吗？结果是有 74% 的基金经理认为自己的水平比平均水平要高。同样的调查还有：你觉得你的驾驶水平比平均水平高吗？面对这样的问卷调查时，82% 的司机认为自己的驾驶水平在平均水平之上。在对夫妻做家务活各自承担百分之多少的抽样调查中，将夫妻双方的答案相加之后得出的数据远远大于 100%。这些问卷调查的答案显然都不是客观的。

过于自信这一点在大多数人身上表现得尤为明显。由于教育制度强调唯一的标准答案，所以在日常的生活学习中并不会鼓励学生进行批判性思考——如果你不按照老师教的方法解题，就会被认为是问题学生——这进一步深化了非此即彼的思维方式。

就这样，早在学生时期，这种思维方式就深入灵魂———一旦确认答案，就会对这个答案深信不疑。这种非黑即白，不善于采用批判、逆向思维的倾向，更容易让人产生过于自信的偏差。

对于投资也是一样。很多人在做投资的时候非常盲目，而且根本没有考虑过亏损的可能———一旦盈利，就认为自己才华横溢、眼光独到；一旦亏损，就变成了"某某让我买的，我误信他，都是他害我的"。要知道没有人能永远不犯错误，我们要争取的是少犯错误，只要能做到七成对三成错就非常了不起了。

"不懂不做，不会不做"说起来容易做起来难，因为大部分人很难对自己有一个很客观的评价。 因此，在确定自己的能力圈之前，先试着回答以下的提问。如果你对一个企业或行业足够了解，能回答以下的问题，那么该企业或行业就能进入你的能力圈。如果不能，那么你应该试着寻找其他更熟悉的企业或行业。能力圈的范围大小并不是最重要的（当然范围也是越大越好），最重要的是知道它的边界在哪里。

1. 这家公司生产、提供什么样的产品或服务

有些上市公司通过股票名称就知道提供什么产品，但是有些上市公司却不是。例如中国石油（601857），你一看到这个名称就知道这家公司提供的是石油以及石油相关制品（其实还有天然气，中国石油的天然气占比已经不比石油低了），但是换一个名字就未必了。例如上市公司星期六（002291，后改名遥望科技），如果你不去调查，光看名称并不会知道这是家主要生产经营皮鞋、皮革制品的公司。

除了知道该公司提供的产品或服务外，你还必须知道这些产品或

服务是派什么用场的。像皮鞋这类产品,在日常生活中必不可少,大家对这类产品当然是非常了解。但是,像康尼机电(603111)主营轨道交通装备和机、电及一体化装备这样的产品,你能知道这东西长什么样,在轨道交通上派什么用场吗?很显然,如果不是专业人士,你几乎不可能对这类产品有所了解。

2. 这家公司提供的产品或服务是人们所必需的吗

对于像中国石油这样的公司所提供的产品来说,答案当然是肯定的。稍微对经济有所了解的人都知道,石油和天然气是现代经济的血液,如果没有这些能源,经济会立刻瘫痪,因此石油和天然气都是必需品。同理,金龙鱼(300999)提供的食用油也是一样,毕竟没有人可以不吃食用油。这些都是人们生活中必不可少的产品。

但是,像贵州茅台提供的茅台酒就没那么刚需了,茅台表面上是名酒,其实有奢侈品的属性,就算是对一个每天都必须要喝酒的人来说,他也不一定要喝茅台,也有可能会喝其他比较便宜的白酒,或者喝点黄酒甚至戒酒不喝。

那么,在未来这些产品或服务也是必不可少的吗?随着科技的发展,石油可能会被新能源替代,石油的相关衍生品也可能被新材料替代,将来石油或许会失去经济血液的地位。但是,我很难想象食用油被替代的场景,用什么可以替代食用油呢?聪明的读者可以好好地考虑考虑。但是,从另一个角度来说,比起石油来,食用油行业准入门槛更低,竞争对手更多,也更激烈,这也是需要考虑的因素之一。

3. 这家公司提供的产品或服务与它的竞品之间有什么区别

如果某个公司提供的产品或服务非常有特色,消费者对它的产品或服务的需求极大，并且这种产品或服务参与竞争的技术门槛很高，那么对这家公司是非常有利的，这往往意味着超额利润。比如，NVIDIA 和 AMD 公司的 GPU（显示芯片，显卡的核心）产品，由于虚拟货币的火爆，虚拟币挖矿的需求非常大，导致高性能的显卡溢价 50% 以上都会被一抢而空，产品严重供不应求，游戏玩家和"矿工"都一卡难求，公司的利润完全取决于产能。

而他们的竞争对手——英特尔，你没看错，就是英特尔。英特尔其实是显卡市场占有率最高的公司，但它提供的几乎所有的 GPU 都是整合进 CPU 的核显产品，由于性能羸弱，虚拟币挖矿的"矿工"根本不会考虑英特尔的显卡。所以，英特尔的 CPU 并没有因为挖矿而产生大幅溢价，销量也没有本质的提升。

我们换个行业来看看，像食用油行业，其实各个企业生产的食用油，从营养角度来看，并没什么本质区别，生产的都是植物脂肪产品，这就造成了一个红海的市场，消费者会货比三家之后再进行选择。

再比如白酒，主要成分无非是水和酒精。在不看品牌盲喝的情况下，名牌白酒或许和其他品牌的白酒差别不大，甚至不会品酒的普通消费者根本尝不出什么差别来。但是，一旦形成品牌效应就会产生翻天覆地的变化，哪怕不会品酒的消费者都会认为名牌酒更香、更醇厚、请客更有面子、喝完不容易上头。这就是品牌的力量，哪怕产品只有极小的差别，品牌的价值也能给企业带来巨大的成功。

4. 这家公司是否有提高产品价格且不会影响销量的可能性

在这方面，奢侈品企业有着天然优势，奢侈品企业的目标客户往往对价格不敏感，他们更看重产品或服务的名气和质量。就像茅台，经过数次提价之后依然供不应求，完全没有因涨价影响销量。

另外，就是垄断企业了，用户因为没有选择只能接受涨价。例如某些救命药，它们的价格能贵到天际，如果只有一家药厂能生产，为了救命只要在你的经济承受范围之内你就不得不用。反过来，如果提供的产品只是大众消费品，并且所在的行业竞争激烈，既要提价又要保量就很困难了。

罗永浩的锤子手机就是非常典型的例子。罗永浩的锤子科技最初只推出了 T1 这一个型号，而且价格不菲，在智能手机这样一个红海市场中，这样的经营策略显然是有问题的。因此，锤子手机的销量不尽如人意。后来他们终于妥协，推出坚果系列廉价机型，销量才有了点起色，但是这依然不足以挽回锤子手机的颓势，最终锤子科技还是破产了。

5. 这家公司有哪些目标客户群

这家公司的目标客户群是少年儿童（早教产品、奶粉、玩具等）还是中青年群体（新潮电子产品、潮流服饰等）？是老年人（医疗保健产品、医药产品、老年辅助等）还是年富力强的中年人（固定资产、汽车、健身产品等）？面对的是男性（电子产品、游戏等）还是女性（化妆品、手提袋等）？是富裕阶层（高端奢侈品、收藏品等）还是普通大众阶层（普通消费品、高性价比产品等）？

如果产品线面向各个目标的客户群都有涉及，那么产品的重心在哪里？目标客户群的潜力有多大？将来这个目标客户群的数量是增长还是下降？这都是需要你搞清楚的问题。

6. 这家公司的营业收入是否过于依赖头部客户

换句话说，这家公司的营收稳定性怎么样？如果这家公司过于依赖几个大客户，甚至只有政府采购订单，那么这家公司的营业收入稳定性显然会很差。一旦大客户出现什么意外或者政府改革，都会让这家公司的营收一落千丈。

在此以歌尔股份（002241）为例，在2018年歌尔股份遭遇了滑铁卢，市值蒸发超过60%，营收、净利润双降。这是由于2018年秋，苹果发布的iPhone XS销量不理想，这家为iPhone提供声学元器件，代工苹果耳机的供应商遭受了无妄之灾。

同年，苹果还对歌尔股份"补刀"——将部分订单分给了立讯精密。通过转移订单来制衡供应商是上游厂商的常规操作，但是对下游供应商来说此举就是灭顶之灾了。所以，投资的时候一定要注意规避这类过多依赖头部客户的企业。

7. 客户是否非常依赖、喜爱这家公司的产品或服务

这就是用户的黏性问题。优秀企业的产品都有很高的用户黏性。像苹果iPhone、箭牌口香糖、老干妈辣椒酱、"股王"贵州茅台酒都有很强的用户黏性，它们的品牌辨识度高、产品口碑好、用户体验极佳，因此客户也很忠诚，一般不会轻易尝试其他产品。

这使得这些厂商可以放心大胆地开拓市场，进一步提升市占率。用户黏性高还意味着稳定的营收和市占率，随着产品提价、进一步开拓市场，利润率也能稳步提升。

8. 公司通过什么方式来推销它的产品或服务

例如小米,它主要是通过线上市场销售产品,即通过电商销售它们的产品,虽然小米之家越来越多,但还是线上电商贡献得更多。

而像巴比食品、海底捞则更依赖线下门店。上面提到的歌尔股份基本上就是代工,制造完产品直接销售给行业客户,再由行业客户分销给终端客户。

销售方式没有好坏之分,只要适合就好,况且现在有很多公司采用多种渠道销售的方式,既有代工也有自己的品牌(如富士康),既有线上渠道也有线下门店(智能手机厂商几乎都是这种类型)。多种渠道带来了冗余,不再过于依赖某一种渠道,可以有效分散风险。

9. 这家公司的市场范围包含哪些区域

市场范围区域主要指国内市场和国外市场。如果再细分,国内市场还可以细分为华东区、东北区、华北区、华南区等,甚至还可以精确到省市,国外市场可以细分为欧洲、北美、亚洲等区域,进一步可以精确到某国。

市场范围的区域越广,风险就越小,这意味着公司并不过分依赖于某片区域,当出现区域金融危机的时候,全球化的公司抗风险的能力更强。在我国国内,福耀玻璃可以说是全球化做得比较好的企业,无论营收还是利润,国内外都相当均衡,见图3-1。

【截止日期】2021-12-31							
项目名	营业收入(元)	收入比例	营业成本(元)	成本比例	营业利润(元)	利润比例	毛利率
汽车玻璃(产品)	213.7962亿	90.58%	148.2447亿	97.99%	65.5515亿	77.36%	30.66%
浮法玻璃(产品)	40.294亿	17.07%	25.7107亿	16.99%	14.5833亿	17.21%	36.19%
其他(产品)	16.129亿	6.83%	14.051亿	9.29%	2.078亿	2.45%	12.88%
减:集团内部抵销(产品)	-37.6079亿	-15.93%	-37.6079亿	-24.86%	0	—	0.0%
其他业务(补充)(产品)	3.4193亿	1.45%	8920.4424万	0.59%	2.5272亿	2.98%	73.91%
合计(产品)	236.0306亿	100.00%	151.2905亿	100.00%	84.7401亿	100.00%	35.90%
国内(地区)	121.9032亿	51.65%	69.5417亿	45.97%	52.3615亿	61.79%	42.95%
国外(地区)	110.7081亿	46.90%	80.8568亿	53.44%	29.8514亿	35.23%	26.96%
其他(补充)(地区)	3.4193亿	1.45%	8920.4424万	0.59%	2.5272亿	2.98%	73.91%
合计(地区)	236.0306亿	100.00%	151.2905亿	100.00%	84.7401亿	100.00%	35.90%

图 3-1　福耀玻璃涉及的区域及营业收入和营业利润

10. 这家公司的产品或服务有没有主导市场的能力

这是指这家公司在行业中是不是享有一定的话语权。贵州茅台毫无疑问就是白酒行业的领军者，是行业老大，它当然就能在定价权、销售渠道等方面具有一定的话语权。而拥有专利权或者保密配方的医药企业也是同样。因为拥有巨大的优势，意味着极高的行业地位和市场主导权。

高科技、高技术行业的龙头还能拥有标准制定权，例如华为就参与了 5G 标准的制定。而各个高科技行业的大佬基本都是各种标准协会的会员。拥有标准制定权意味着拥有主导市场的能力，不过这需要进行大量的、长期的研发投入。

令人遗憾的是，我们 A 股的有些上市公司不太注重研发，研发费用占比相当低。因此，过桥收费类型的消费型企业，或者拥有垄断性质的强势型企业成为了 A 股投资的首选。

11. 这家公司能否快速适应经济、商业环境的变化

随着时代的发展，新技术会逐步替代旧技术，新的习惯会取代旧的习惯，这时公司能否及时适应环境的改变呢？无法快速适应市场变化的典型就是上面提到的四川长虹和国外的诺基亚手机。诺基亚因为无法快速适应手机市场从功能机到智能机的转变而失去了几乎所有的智能机市场，从行业老大变成了末流，不禁令人扼腕。而小米、VIVO 等公司则把握住了这次行业变革的机会，实现了弯道超车。

当然，这种情况不仅会发生在日新月异的高科技行业中，在注重研发的医药行业也有这种可能——突然成功研发出某种特效药能让某个药企一飞冲天，反过来长期研发新药失败也可能让一家知名药企一蹶不振。

但是，像烟草、糖果、日用品等传统行业，在短时间内很难会出现这般翻天覆地的改变。消费和饮食习惯的改变更需要时间，例如类似可乐的碳酸饮料——虽然我们都知道碳酸饮料不健康，但也是经过了长期的宣传，才逐步让可乐从软饮料的前台退居二线。换句话说，相比高科技行业等快速变革的新兴行业，传统行业龙头的护城河要更扎实可靠。

12. 这家公司面对极端突发事件的应对能力如何

从小的方面来讲，这种应对能力是指公司出现重大纰漏，例如产品有质量问题、信任危机、公司决策发生严重错误等经营问题的时候，公司面对危机的应变能力如何。从大的方面来讲，是指在经济危机风波过后，经济体出现的通胀或通缩的现象，公司是否能从容应对。

严重的产品质量问题是一个对企业应对能力非常大的考验。应对得当不仅能安然度过危险期，甚至还可以提升企业的品牌形象。而应对不当，则可能会让品牌直接被扫进历史的垃圾堆。

管理层有没有足够的危机意识是应对极端突发事件的基石。例如某大型地产开发商的管理层毫无危机意识，盲目自信疯狂举债（举债

1.97万亿元，就算是苹果也还不起），终于走到了拼命甩卖资产努力还债的悲惨境地。

苹果则是另外一个极端——早年苹果创始人乔布斯曾遭受过因现金不足被资本扫地出门的窘境。现今的苹果可谓是现金苹果，拥有极高的风险抵御能力。

另外，如果出现经济危机，危机过后出现通胀或通缩的环境，有没有风险意识，企业命运可谓截然不同。足够的储备意味着企业可能撑到曙光来临的那一天；而盲目举债扩张的则可能倒在黎明前。

那么，当碰到通胀或通缩的环境又该怎么办呢？要知道几乎所有的公司都会受到通胀或通缩的伤害，只是程度不同罢了。

一般来说，企业可以通过以下5种方法提高收益率。

（1）提高资产周转率。

（2）增加经营利润。

（3）降低税收。

（4）提高财务杠杆率。

（5）降低财务费用。

那么，在通胀或通缩的环境下，这些手段是否能奏效呢？ 先来看提高资产周转率：应收账款通常和营收正相关，无论是增加销量还是提高售价，只要营收增长，就意味着应收账款的增长。因此，不能通过提高应收账款周转率来增加收益率。

那么提高存货周转率是否可行呢？ 提高营收也能同步提高存货周转率，但是在通胀时期，能源、原材料以及人工成本都在增加，这些成本的增加会拖累企业的收益率。

从历史的角度来看，通胀期间会出现随着通胀率的上升，利润率走低的趋势。通胀还会迫使企业加快更新固定资产，提高固定资产的周转率，但是当你需要更新固定资产的时候，飞涨的价格会给公司的现金流带来巨大的压力，这时候资产周转率又会掉头往下，大量固定资产的刚性支出会让企业的经营举步维艰。

那么提高财务杠杆率或降低财务费用会提高收益率吗？很遗憾，通胀只会让借贷成本大幅上升——通胀期间，物价飞涨，资本有保值的需求，因此会大幅提高利率。而非常讽刺的是偿债能力强的公司往往没有贷款需求，拼命挣扎求生的企业反而对资金极度饥渴。更高的杠杆率被更高的利率消耗，增加杠杆率不仅不能提高收益率，反而变成了庞氏债务（借新还旧），而僵尸企业就是这么产生的。所以，提高财务杠杆和降低财务费用同样不能提高收益率。

在通胀时期还能提高营业利润的企业基本上都是特权企业，而减税要看政府是否支持，自己研究如何合法避税很容易导致偷税漏税。

所以巴菲特认为：需要大量固定资产支出来维持经营的企业往往会受到通胀的伤害；固定资产支出越少，受到通胀的伤害也就越小。抵御通胀能力最强的是高商誉的企业——它们能在尽量不影响销量的情况下提升价格。

而在通缩的情况下也是一样，通缩时期无疑是现金为王。杠杆率越低，现金流越充足，企业的竞争力越强。通缩的时候，市面上流通的现金极其珍贵，这使得能提供质优价廉高性价比产品的企业胜出的概率更大。日本的无印良品就是最好的证明——无印良品就是在日本陷入通缩阴影"失去的十年"期间崛起的。

面对潜在投资目标，如果能够回答出以上问题（至少是大部分问题），那意味着投资目标在你的能力圈之内，你可以尝试进行投资。比起能力圈的大小，清楚了解到自己能力圈的范围和边界更重要。但这并不意味着你不需要扩大自己的能力圈，能力圈当然是越大越好，能力圈越大意味着投资机会越多，所以我们还是要努力扩大自己的能力圈。

五、企业圈钱以及损害股东利益的手段：债转股、增发、股权激励与企业债

中国 A 股上市公司的口碑是非常有名的，由于"优秀"的上市公司太多，所以口碑是出了名的"优秀"。A 股被称为赌场，在市场上圈钱，这些"优秀"的上市公司可谓劳苦功高。它们的圈钱手段如同八仙过海，各显神通。

而圈钱的目的无非就两个。

第一，降低杠杆率，这样"垃圾"公司可以保壳，"优秀"公司可以进一步圈钱。

第二，给大股东以及他们的关系户发钱。有道是百姓的钱三七分账，豪绅的钱如数奉还，办企业不就图个财嘛，上市就是终点，有容易的钱赚干什么还努力搞企业啊！为了避免掉坑，下面就简单介绍一下，这些"优秀"的上市公司是如何努力圈钱的。

首先是债转股。顾名思义就是将债权转为股权，任何债权人与债务人之间都可能发生债转股。但是，由于我国长期以来融资渠道单

一，直接融资比例较低，大多数的融资都是通过银行等金融机构的间接融资，这就造成了银行与企业之间的债权债务关系占主导地位。现在大多数的债转股都发生在银行与企业之间，也就是说将银行持有的债权转为企业的股权。

一般来说，上市公司的债转股主要有两种形式：普通债权债转股和大股东债权债转股。

大量普通债务转换成股权虽然可以有效降低上市公司的杠杆率，但是会稀释上市公司控股股东的控制权，过度的债转股甚至会出现上市公司控制权被债权人夺走的情况，因此不到万不得已，控股股东不会同意进行普通债权债转股，特别是大量的普通债权债转股。

对于债权人来说，收回货款和到期的本息才是其主要诉求，所以债权人也没有动力进行普通债权债转股。只有在上市公司出现危机，公司被逼无奈进入破产重组程序的时候，普通债权债转股才会被提上日程。此种债转股在 ST 板块最为常见，ST 股重组之后大量的送转股其本质就是普通债权债转股。

大股东债权债转股往往发生在上市公司因财务危机丧失融资能力的时候，大股东对公司进行注资挽救公司流动性而产生的债权，在公司经营状况没有好转的情况下是无法偿还的，所以本质上是大股东对上市公司的追加投资。这时，大股东为了自身的利益会主动要求"债转股"，将债权转换为股权。通过这种操作，可以降低公司的杠杆率，改善公司的财务状况。

总之，债转股能将债权人的不良资产盘活，将潜在坏账转换成企业股权。由于我国的特殊情况，大部分债权都为商业银行所有，一旦全部归为坏账，将加大商业银行的压力，采用债转股就能避免出现这种状况。通过债权变为股权，可以让银行来推动企业重组，增加资本活性。

我国的负债主体是国有企业，国有企业的融资过于依赖商业银行贷款，银行的债权人地位无法有效约束国有企业无序扩张的冲动。一旦产生债务纠纷，银行面对强势的地方国企很难胜诉，即便胜诉也难以执行。实行债转股之后，银行不仅可以取得一定的监管权，在一定程度上遏制企业无序扩张，还可以通过在二级市场上减持一部分上市公司债转股的股权作为债务的抵偿。

债转股可以有效减轻上市公司的负担，实现上市公司的脱困目标，有一定"帮困扶贫"的效果。但是，毫无疑问，债转股的实行会给二级市场带来巨大的压力，甚至有些大股东会利用债转股来"赖账"。再加上可转债这样便利的债转股神器，发行可转债然后再进行债转股有变成某些"优秀"上市公司圈钱神器的趋势。

当上市公司出现债转股的时候，基本都是碰到了某些财务问题：或许现金流吃紧无力偿债；或许账上虽然有现金但因为各种原因（比如大股东挪用、财务造假等）无法用于偿债。**总之，一旦看到债转股可要千万当心。**

增发有两种形式：公开增发和定向增发。公开增发基本已经销声匿迹，为了能够成功进行公开增发，通常发行的股价会打折，这样公开增发的投资者就占了原本持有股票投资者的便宜，因此现在几乎所有的上市公司都不会进行公开增发；定向增发包括向机构定向增发、向全体股东配红股的定向增发以及类似股权激励这样的变相定向

第三章 做好分析前的准备

增发。

一般面向机构的定向增发都是公司要募集资金进行项目开发或者收购，通常定向增发的价格会比市场价低。由于有新的投资项目，所以定向增发也有有利的一面，如果投资成功，能有效提高公司业绩，为股东带来利益。

但是，因为定向增发同样也有折扣，也会占原本股东的便宜，更有"优秀"的上市公司拿一些"空气"项目来定向增发，借定向增发的名义来圈钱，顺带伙同定向增发的机构割一波"韭菜"。由于上市公司的节操良莠不齐，定向增发的套路也是千变万化，令人防不胜防，所以看到定向增发的股票一定要谨慎行事，详细了解该公司定向增发的目的，调查项目的可行性以及未来的盈利预期。

另外，还有采用向全体股东配红股的形式进行的定向增发。这种配股增发现在已经非常少见了。由于配股完成之后还要除权，所以配股除了圈钱以外，股东没得到任何实惠（放弃配股，你的股票依然会被除权，等于被配股人占便宜；不放弃配股，就要拿出真金白银，然而除权之后等于没有任何实惠。当然上市公司配红股通常是为新的投资项目募集资金，如果投资项目前景良好是能给原始股东带来更大的收益的），除了极少数的上市公司，大多数上市公司更愿意向机构定向增发而不是向全体股东配红股。

最后重点说一下股权激励。相当一部分上市公司的股权激励其实是另一种形式的定向增发——也有不是定向增发的股权激励，上市公司会通过回购股票来进行股权激励，这样股权激励就没有股本扩张。

说到股权激励，就不免要说一下巴菲特对股权激励的态度。巴菲

特非常反对用股权激励来作为管理层的奖励，他认为股权激励有时候的确能让管理层以公司所有者的心态来经营公司，从而实现双赢，给企业和管理层都带来巨大的回报，但是股权激励却降低了管理层的风险。

换句话说，管理层的风险远小于股东的风险，获得股权激励的管理层的管理风格可能更加激进，使用公司资金或许会更随意——搏一把，赢了能赚一大笔，亏了大不了放弃认购权利。在宽松的行权条件下，管理层甚至可能会采取留存收益不派发股息的方式来赚取利息收益，通过这种方式增加公司的利润来实现行权，这明显损害了股东的利益。

因此，巴菲特更认可发奖金，用奖金而不是通过股权激励来奖励管理层。如果管理层看好公司的长期发展，他们完全可以在二级市场上买入公司的股票，以此来成为公司的所有者。可以说，通过增发股票的形式进行的股权激励是另一种定向增发，并且管理层还能进退自如，这对股东是极其不公平的。

那么，通过回购的方式进行股权激励是不是能双赢呢？我们就来看看苏泊尔最近的回购股权激励计划——回购均价约62.96元/股，激励计划授予价1元/股，拟向293名激励对象以1元/股的价格授予限制性股票120.95万股。在这种优厚的激励条件下，公司管理层交出了2018—2020年营业收入在180亿元～200亿元的区间浮动，归母净利润从未超过20亿元的答卷。

你说这不是抢钱是什么？当然，像苏泊尔这样的吃相也是罕见的，但是其他"优秀"上市公司的回购股权激励计划也就是五十步笑百步罢了。

最后来谈谈企业债。企业债也就是企业在公开市场发行的企业债券，可以在国内市场发行也可以在国外市场发行。企业债一般都由专业的信用评级机构评定风险等级。优质企业的企业债风险极低，其信誉等级甚至可以媲美国债；经营状况堪忧的企业发行的企业债信誉等级就不容乐观了，时不时就被评成"垃圾级"，一旦被评为垃圾级，就意味着需要很高的票面利率才能顺利发行债券，这也是垃圾债券的由来。

通常垃圾债券都很容易违约。当发行垃圾债券的企业没有足够现金还本息的时候，就只能同债券持有人进行协商：或者延长偿还的期限，也就是短债变长债；或者降低票面利率；或者只偿还一部分债券；或者债转股等。典型的案例就是最近的某大型地产开发商，延期偿还可以争取到变卖资产的时间，几乎所有的协商其实就是在协商如何违约，以及违约的程度。

提到企业债就不免要谈到可转债。可转债全称为可转换债券，是指债券持有人可按照发行时约定的价格将债券转换成公司普通股的债券。与其他债券一样，可转换债券也有票面利息和期限，投资者既可以当成普通的企业债一直持有直到到期收回本息，也可以选择转换成公司的普通股。换句话说，可转债既可以是债权也可以是股权，是一种特殊的企业债。

那为什么企业要发行可转债呢？

首先，是低成本圈钱。可转债的票面利率远远低于普通企业债，其票面利率只有普通企业债的20%～50%，这将大大降低企业的融资成本。

其次，可转债可以转成普通股，这样不用说本金就连利息都省了。只要发行规模控制得当，根本不用担心对控股股东控制权的冲击。

最后，可转债既可以强赎又可以下修。强赎指的是一般可转债上市半年后进入转股期，股价连续 30 个交易日内有 15 个交易日大于等于转股价的 130%，公司有权决定按照债权面值加当期应计利息赎回全部或部分未转股的可转债。而下修指的是一般情况下，连续 30 个交易日之中，有 15 个交易日上市公司股票的收盘价低于转股价 80% 的时候，公司有权召开股东大会，将转股价下修为股东大会召开前 20 个交易日股票交易均价和前一个交易日均价之间的较高者，但不能低于每股净资产和股票面值。

所以，可转债打新一般都可以获利，借着无风险套利的名头来吸引投机者。 目前，已经退市的可转债几乎都是被强赎的，一般上市公司都会想方设法进行强赎。因此，当强赎公告发布后，一定要及时卖出可转债或者选择转股，一旦强赎公告发布，所谓的可转债投资就彻底变成了"博傻"的游戏。

总而言之，"优秀"上市公司圈钱以及坑害股东的手法层出不穷，以上只是列举了具有代表性的几种手法，将来肯定还会有更多"创新"手法来割"韭菜"。但是，万变不离其宗，希望聪明的读者能够举一反三，以防掉入他们的圈套之中。

第四章
巴菲特最核心的思想，永远都是安全第一：安全边际

一、巴菲特的老师：证券分析之父格雷厄姆的安全边际

巴菲特曾经说过："在我的血管里，20%的是费雪的血液，剩下的80%都是格雷厄姆的。"格雷厄姆被誉为"证券分析之父"，是巴菲特最尊敬的老师，格雷厄姆提出的安全边际理论经久不衰，直到现在都是最有价值的投资理论之一。

安全边际的理论说起来很简单，总结起来只有两条。

第一，不要亏。

第二，牢牢记住第一条。

巴菲特在1992年的年报中写道："我们强调在股票的买入价格上留有安全边际。如果我们计算出一只普通股的价值仅仅略高于它的价格，那么我们不会对这只股票感兴趣。我们相信'安全边际'原则是

投资成功的基石。"安全边际可谓是价值投资的核心。

相对价格而言,公司的内在价值稳定得多,安全边际就是当市场价格低于公司内在价值的时候进行投资,这时的投资就是相对安全的,这也是不亏的底气所在。**因此,安全边际的真正核心是公司评估。**

那么格雷厄姆是如何成为"证券分析之父",并提出安全边际理论的呢?这就要从格雷厄姆的人生经历说起了。

格雷厄姆在大学的专业是文科,成绩非常优异,得到了哥伦比亚大学校长的赏识,最终得以进入某位校友的父亲开的证券公司上班,他得到了一份实习分析师(从事的是债券分析,而安全边际理论正是起源于债券投资)的工作。由此可见,当时的华尔街并不看重专业,他们更需要人才,而格雷厄姆毫无疑问是个出类拔萃的杰出人才。

上班第一天,他的老板就给了他这样一个忠告:"华尔街会给正直诚实的人提供无限的机会,但是如果你喜欢投机,你会赔钱,永远要记住这一条。"这句忠告对格雷厄姆的投资理论产生了巨大的影响。

由于工作性质,格雷厄姆自然会接触到大量的有钱人,而他既聪明又努力,在研究当时标准教科书劳伦斯·张伯伦的《债券投资原理》的同时还在研读铁路公司的财报。经过不懈的努力,他写出了一篇关于密苏里太平洋铁路公司财务状况的分析报告,他的朋友魏尔斯塔特读过之后大为赞赏,又将报告推荐给了 JS. 巴赫公司(JS.Bache and Company)的一位合伙人,合伙人对报告也非常满意,愿意以周薪 18 美元的高薪让格雷厄姆做全职证券分析。

他的老东家为了留下他,为他单独成立了证券分析部门,而格雷

第四章　巴菲特最核心的思想，永远都是安全第一：安全边际

厄姆也不负众望，他低风险寻求"雪茄烟蒂"的投资风格所向披靡，帮公司赚了不少钱，公司也破格提升他为合伙人。

过了几年之后，格雷厄姆依然感到公司对自己的束缚，于是决定出去单干。当时的格雷厄姆已经有了"买股票就是买公司所有权"的投资理念。1927年，他认为北方输油管公司的价值被低估，在股东会议上，要求公司管理层向股东返还盈余但被拒绝。但是他毫不气馁，在1928年获得了许多中小股东的代理权，由此得到了董事会的提名，成为北方输油管公司的董事，最终成功影响到公司的经营决策——公司同意向股东返还盈余。这次投资载入了史册，成为"买股票就是买公司所有权"的经典案例。

但是格雷厄姆的人生绝不是一帆风顺的，1927年他遭遇重挫——大儿子牛顿因患脑膜炎离世，年仅9岁。 为了摆脱长子去世的阴影，又加上深深感到现有教科书内容已经陈旧过时，尤其是教科书几乎没有普通股以及公司财会方面的内容，于是他决定在哥伦比亚大学开课，这门课共有150多名学生注册听讲，场场爆满。而戴维·多德就是其中的一员，他的课堂笔记就是大名鼎鼎的《证券分析》的雏形。

1929年繁荣的泡沫经济走到了尽头，史无前例的大萧条袭来，"证券分析之父"也不能幸免。1929年格雷厄姆全年损失约为20%，1930年亏了50.5%，1931年继续亏了16%，到了1932年只亏了3%。然而这已经足够惨烈，原本250万美元的本金只剩下了大约22%，即55万美元。虽然剩余本金看起来还是不少，但对任何人来说亏损接近80%绝对都是不堪回首的噩梦。

在这几年里，格雷厄姆只能靠教书、写作以及审计工作勉强支

撑。但是"证券分析之父"毕竟还能勉力支撑，另一位大师欧文·费雪就没有这么好的运气了——他在股市的资产巅峰时高达1000万美元，大萧条爆发后直接亏光，若没有耶鲁大学的救济，他很可能会流落街头。**这也是为什么格雷厄姆那么强调安全的原因所在——一旦亏光本金，意味着难以东山再起。**

1933年年末道琼斯指数收在了99点，1934年也差不多在这个位置，1935年强势反弹，到1937年指数已经回到了197点。而早在1935年，格雷厄姆就将损失尽数挽回，成功地东山再起，成为投资界教父级的人物。

在1934年股市最黑暗的时刻，众人绝望之际，格雷厄姆和多德的指路明灯——不朽的著作《证券分析》正式出版。正是大萧条时的痛苦记忆才能让格雷厄姆真正领悟到，安全才是成功投资的第一要素。自此，安全边际的投资理念永载史册。**投资要将安全放在首位，也成了无数投资大师的座右铭。**

二、重要的话讲三遍：不要亏，不要亏，不要亏

巴菲特曾经说过投资最需要掌握的有两门课程：一门是怎样看待市场波动；另一门是如何给企业估值。个人认为不亏的秘诀就在这两门课程之中。市场波动相关内容在本章之前的章节已经谈了很多，格雷厄姆的"市场先生"寓言完美地告诉了我们应该如何看待市场波动，我们要学会利用"市场先生"的波动，而不是被"市场先生"忽上忽下牵着鼻子走。

第四章　巴菲特最核心的思想，永远都是安全第一：安全边际

然而，企业估值是什么呢？具体应当用什么方法对企业进行估值呢？用现金流贴现法，还是以企业市盈率为基准？或者仅仅按照净资产的账面价值来估值（第三章有相关的内容）？巴菲特本人在每年的股东信中都会提及企业估值，但又说得含糊不清，所以企业估值方面一直都是公说公有理婆说婆有理，谁也说服不了谁。

现金流贴现估值理论其实是非常完美的一种估值理论，但是理论毕竟是理论，有一定的局限性——企业的未来、经济环境、宏观情况等变量都难以预知，天知道10年、20年以后这家企业的经营状况到底是什么样的，因此很难做出准确的判断。现金流贴现估值是基于未来的现金流、成长性、贴现率来进行贴现估值，如果无法准确预估出这些必要的变量，那么现金流贴现估值将毫无价值可言。

这时，安全边际就派上大用场了。安全边际顾名思义以安全为主，基于底线估值，既然未来不可预测，那么就用最保守、最底线的假设来进行预估，这将大大降低投资出错的可能性。

正如格雷厄姆在《聪明的投资者》中所写的那样：投资股票的安全边际，就是无风险利率与投资股票收益率之间的利差。以债券收益率为例，如果几乎无风险债券的利率是4%（25倍市盈率），而投资某只股票能获得的收益率达到8%（12.5倍市盈率），那么股票投资者将得到额外4%的安全缓冲，这个缓冲带可以提供一定的安全边际——将能使投资避免损失或者使损失最小化。

如果将股票也看成一种债券，那么这种股权债券显然是一种高风险的企业债券，这种债券有利润大幅波动、价格大起大落、分红飘忽不定等特点。这种债券有企业经营的风险，成长可期却又不稳定。假

如股票的潜在收益率和几乎无风险的债券收益率相当，那么投资股票将毫无吸引力，因此必须以更具吸引力的价格买入股票才可以抵偿自己所承受的风险。

但是，纯粹的P/E（市盈率）估值忽略了企业的成长性和各种变量，所以还需要同时引入现金流贴现估值法来进行估值。

前面说过，未来的变量不可预知，那么就用相对保守的预估来保证成功率，换言之就是用较低的成长性、较恶劣的宏观环境、较高的通胀率来进行现金流贴现估值。通过保守现金流贴现估值之后，再用P/E估值来进行验证——引入几乎无风险的债券利率作为基准，验证该项普通股投资是否有吸引力。最后，加入一个"安全边际系数"来保证投资的安全。第八章将通过实战案例进行详细的验证分析。

除了以上所说的内容，良好的投资纪律也是不要亏的标配。**绝大多数的投资错误并不是花费超高价格买入高质量的股票所造成的，而是在经济繁荣时期，即"市场先生"化身"超级赛亚人"的时候，高价买入劣质股所造成的。**

所有的知识都是为实际的投资服务的，不管理论学得多好，哪怕把《证券分析》、巴菲特的股东信等经典著作都倒背如流，如果不能付诸实践，那么一切还是白搭。控制好自己的情绪，能坚持自己的投资纪律绝对是一个成功投资者的必备技能。第七章将会详细介绍投资心理以及如何坚持投资纪律。

三、如果我知道自己会在哪里死去，那我就永远不去那个地方：巧用逆向思维规避风险

如果对本章第二部分的"如何不亏"还是一头雾水，可以试着换一个视角来看看到底怎么做才能不亏。"如何才能亏光"这个问题要比"不亏"简单得多，"败家"的门槛比"赚钱"可低多了。

那么学习如何亏钱有用吗？答案当然是肯定的，只要你明确自己这样做会亏，那么不去这样做不就意味着不亏了吗？看吧，换个角度思考绕了一圈不就又回到"不亏"这个原点上来了，这就是逆向思维的妙处。下面就来讲讲怎样做才能把你的本金亏完吧。

（1）你可以选择每股亏得最多的股票（最好是带星号的ST，退市候选股），并且以超高价买入，比如挂涨停全仓杀入，然后持有到摘牌为止，那就可以亏得几乎一毛不剩。

（2）你还可以选择放量高价题材股，这类股票的均线完全多头排列，是各大财经媒体关注的焦点，我保证你的风险将远大于收益。

（3）你还可以选择加杠杆（借钱）投资股票，一旦上涨/下跌你的获利/损失将成倍地增长。不仅如此，你还要付出一定的资金成本（利息），也就是说同样的涨跌幅，你获利肯定比损失少，所以这也是一桩风险大于收益的买卖。

（4）你还可以选择满仓抄底。理想中的抄底和现实中的抄底对比如图4-1所示。满仓抄底的"好处"在于你会在更高的位置接住刀刃，也意味着你能更快地将自己的本金亏完。

（5）你还可以按照自己的喜好来投资，你既可以去买股票代码有吉利数字的股票，如600888、000888等，也可以选股票名称听上去高级的股票，如"××高科"，即便它的主营业务是日薄西山濒临淘汰的传统行业。

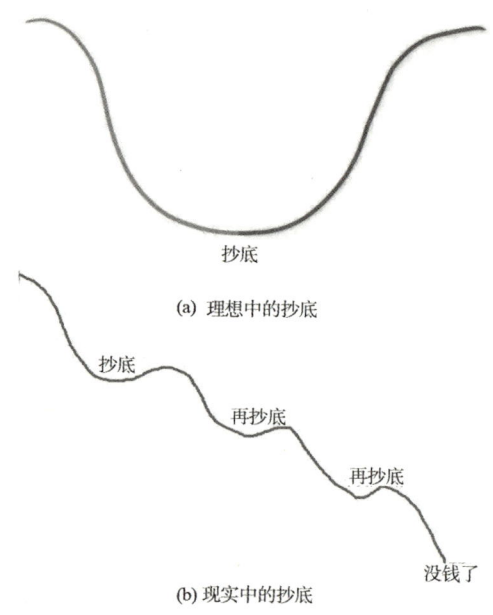

图4-1 理想中抄底和现实中抄底对比

（6）你还可以完全相信股评专家的推荐，尽管他们已经声名狼藉，被很多人骂"庄托"，都对他们的推荐坚信不疑。

（7）你可以找隔壁老王帮忙，或许他是知名的"半桶水"，即便如此你也对他奉若神明，对他推荐的股票毫不怀疑地全仓买入。

通过以上的这些举例，你是不是觉得亏钱容易多了？**就像约翰尼·卡森所说的那样：通过研究如何不做傻事来发现如何变得精明，这样就可以根据非常简单的行为来规避愚蠢的决策。如果正面想不通**

第四章　巴菲特最核心的思想，永远都是安全第一：安全边际

就反过来想，很多事情就会迎刃而解，是不是很神奇？

对于精通代数的人来说，或许会对上面所描述的内容非常熟悉。这就是在利用反向证明来解题。当一道数学题用常规解法很难解开的时候，试着用反向证明法来解，就能让人茅塞顿开。

其实，在生活中、在投资中都可以利用这种反向思维方式来帮我们解决实际问题。大部分人觉得不可思议的思维方式反而可能是最优解。投资行业中只有极少数人能长期战胜市场，获得超额收益，只有颠覆常规的投资理念和方法才能抓住这样的机遇。

安全是常识，买特价的便宜货也是常识，这是众所周知的道理。然而人们通常都会对常识产生误解，比如说大部分人会将低价误会成便宜，**但是实际上低价绝不等于便宜。**

打个比方，1 克盐和 1 克黄金，1 克盐的售价是 1 元，1 克黄金的售价是 100 元，你会选择买哪个呢？肯定是黄金吧。很显然 1 克盐卖 1 元远远超过它的实际价值，而 1 克黄金卖 100 元无疑是超值。这是常识，在日常生活中每个人都不会选错。

然而，到了投资市场上大部分人都会搞错。人们通常都认为常识很简单，每个人都懂、每个人都会，但是事实上，常识其实最容易让人忽视，往往大部分人都不具备最基本的常识。**正如巴菲特的老搭档查理·芒格所说："人们都以为具备常识很简单，其实很难。"** 就如同安全边际的理论那样，安全边际的理论非常简单，但是做到却并不容易。

大家都在学习巴菲特，想像巴菲特一样成为一个成功的价值投资者。那么，为什么在市场上真正的价值投资者那么少呢？那是因为巴

菲特的投资方法只是简单，要知道简单并不等于容易，实际操作起来这种投资方法的门槛非常高，需要通过不懈的努力才能入门。而逆向思考就是踏入价值投资大门的钥匙之一。

四、寻找到百年老店，这就是优秀的企业：鉴别成功的经营管理

一个企业的价值约等于从现在开始到企业倒闭的那一天所创造出的净利润现金流之和，再加上企业最后的清算价格，将这个数字进行贴现基本上就等于企业的内在价值。然而，企业的收益都是在未来实现的（未来的可能性，需要估计），因此账面上的现值（过去的历史，不需要估计）也是衡量企业价值的重要参考物。

在对企业进行估值时，并不能保证对企业未来的估计完全准确，而且谁也不想因被不良企业忽悠而损失惨重，所以应该尽可能地降低出错的概率，而企业的现值就是评估企业的标尺。

驱动企业未来净利润增长的是企业的资产和经营方针。净利润是现金流的来源，账面上的现值则是估计未来现金流的准绳。虽然这种方法也有它固有的缺陷——利用现在和历史数据来预测未来，难免会带来偏差。但是，过去成功的历史依然是一个信号——将来有较高概率成功。

在估计之前，还必须明确一点，**那就是精确地计算出企业的内在价值是完全不可能的，你所能做的就是依据企业的各项数据、各种实际情况做出一个合理的假设，最后计算出企业内在价值的一个大致范围区间，只要能做到这一点，就非常不错了。无论如何，大致的正确**

第四章 巴菲特最核心的思想，永远都是安全第一：安全边际

都要远胜于精确的错误。下面就来看看世界上知名的优秀企业是如何建立他们的护城河的。

1. 资产方面

每家企业为了满足日常的运营需求都会有一定的负债，合理负债、有效控制负债的度是衡量企业是否优秀的标准之一。

优秀的企业把控债务的能力非常强，债务负担刚刚好，甚至只有符合会计标准的负债而几乎没有实际负债——某些符合会计标准的负债几乎没有财务成本，也就是说这些负债都不需要支付利息，比如应付账款、预收款等。利用好这些无息的会计标准负债能有效提高企业的利润率，而实际负债就不一定了。

借款利息，尤其是变相的高利贷不仅不会帮助企业增加利润，反而还会将原有的利润蚕食殆尽，特别是发行高息的企业债券和民间借贷。盲目借"高息"进行扩张，最后因市场不及预期变成借新还旧的庞氏"僵尸"企业的案例不胜枚举。

资产负债率也应该被重点考察。如果一家企业的资产负债率超过80%，那么就应该给这家企业打个问号。有关房地产企业的高负债问题在此说明一下：对于房地产企业，国内主流媒体宣传的所谓的扣除预收款计算资产负债率的方法完全是无稽之谈！资产负债表又名资产负债平衡表，顾名思义，也就是资产等于负债加股东权益，房地产企业扣减了预收款却又不扣除相应资产是不合理的。预收款充其量就是无息负债，但依然需要用企业的资产来冲抵，比如房企的预收款同样需要用在建工程、存货等方面的资产来冲抵。

企业短期的经营需要和现有流动资产之间的差额被称为营运资

本。营运资本并不是越多越好，营运资本太多意味着企业资源的浪费——没有投资项目，资金留在手上吃利息；如果营运资本太少，就会影响企业发展——没钱看到好机会也无法投资，这样一来发展受限，企业也必然会走下坡路。

那么如何判断企业的营运资本是否充足呢？ 可以通过营运资本与销售额的比例关系来判断。当然，也不能一概而论，企业性质的不同，需要的营运资本也不同。

存货周转率高的企业需要的营运成本相对较低，比如以永辉超市为代表的以零售为经营主业的企业，它每1元的销售额所需的营运资本就很低。但是如果是生产大宗消费品的企业，其营运成本又要另当别论了，比如房地产企业，它每1元销售额所需的营运资本就要比永辉超市高得多。

工厂类型的企业需要的营运资本则介于零售业和房地产业之间，餐饮业甚至可以用负营运资本经营，即在企业经营过程中大量收现，现金直接提供流动性，企业可以向供货商赊账。在企业性质相同的情况下，每1元营运资本产生的销售额越高越好。

总之，资产运营的效率对企业来说是很重要的。运营效率越高，负债越合理，企业就越优秀；反之，则可能是个平庸甚至劣质的企业。

2. 经营方针方面

优秀的企业应该是没有人为的边界的，然而实际上并没那么简单，几乎所有的伟大企业最终都会陷入官僚化的陷阱，一旦陷入官僚化后就意味着企业的内耗加剧。

比如现在的索尼，索尼的数码相机部门就不愿意向智能手机部门

第四章　巴菲特最核心的思想，永远都是安全第一：安全边际

分享算法，于是智能手机部门空有最优秀的硬件但没有算法，成像效果直接为行业倒数，沦为业界笑柄。这些人为的小群体为了自己部门的利益，故意制造阻碍，长此以往整个企业如同散沙一盘，这样的企业谈何伟大？

以 GE（通用电气公司）为例来谈谈优秀的经营方针对企业的影响。我们都知道，20 世纪 80 年代之前的 GE 同样受困于组织机构的官僚化，那时候 GE 的内耗非常厉害，执行流程烦琐冗长，企业的经营状况也是每况愈下。

就在这时，GE 的救世主来了——1981 年杰克·韦尔奇接过了 GE 掌门的位置。而 20 世纪 GE 的成功和韦尔奇的经营方针密切相关。韦尔奇认为整个企业就是一个团队，所有的责任都要共同承担，因此在韦尔奇的管理下，推诿、借口、逃避责任都不复存在，任何一个部门的研发成果都能造福整个企业。

不仅如此，GE 还进一步吸收采纳了企业外部的思想和意见，无论是客户还是经销商，甚至连竞争对手的优秀思想都一并采用。这样一来，企业就脱离了内耗斗争的旋涡，可以更好地服务客户。

人为的小群体妨碍了企业发展，扼杀了创造力，使得企业只知道推诿扯皮，实际运行起来效率低下。而韦尔奇瓦解了这些各自为政的小群体，他提出了果断、变革、知人善用、简单化的核心经营要素，消除了部门之间的冗余繁杂的流程，提高了 GE 的存货周转率。这大大提高了 GE 的经营现金流，带动了企业利润的增长。

提高存货周转率还带来了企业扩张的侵略性——企业的现金流越充裕，可自由支配投资的范围也越广，这提高了企业的侵略性。更进

一步的是，GE还大幅激发了员工的激情，不仅允许员工冒险，而且还鼓励员工这么做。这样的公司文化带来大胆而富有创造力的员工，在创新的领域一路领先，而拥有创新也就是拥有未来，创新可谓是伟大的基石。

杰克·韦尔奇还非常注重维护公司的声誉和形象，他在退休的时候曾说过："有人问过我最担心公司什么事，什么会让我夜不能寐，我回答说我最担心的不是我们的业务，而是有人会做出违法的蠢事，玷污公司的名声，并且会毁掉自己的前途和家人的幸福。"

韦尔奇非常看重诚信，这也是我国大量A股上市公司所欠缺的。 而这样做的好处有很多，例如你不再需要防范员工，这一点非常重要，这意味着员工可以轻装上阵，全力投入到工作中。

简单化管理也是GE的优势之一，在那时的GE绝对不会容忍妄自尊大，员工之间互相信任，每个人都拥有话语权，信息沟通顺畅，不论职位高低，大家一起讨论并处理问题，找出最佳方案，企业对任何变化反应迅速。在全球范围内，你都很难找出这样优秀的企业，绝大多数的公司都不具备这样的竞争优势，这也是GE迈向伟大的基石。

当然GE也不是完美的，GE盲目进入了它不熟悉的领域，最终也是自食苦果。但是这并不能完全抹消韦尔奇的功绩，不可否认的是韦尔奇对GE很多方面的改革是非常成功的，改革之后的GE效率大幅提升，这一点是值得我们好好学习的。

优秀企业往往意味着高效率（每1元营运资本带来的销售额大于行业平均值，有息负债占比低）和低内耗（高层与基层之间沟通顺畅，团队凝聚力强，企业诚实守信），员工积极进取，热情高涨勇于创新，管理层干预少，遇事果断并且敢于承担责任。如果一家公司拥有上述所有的优秀特质，那么你绝对应该在你潜在的投资名单中为它留个位置。

五、在合理的价位买入优秀的企业：分步建仓、摊薄成本

谈到投资，最终都有一个绕不开的步骤——买入。买入是投资行为的第一步，也是最重要的步骤之一。买入之后，你可能会盈利也可能会亏损，所以你在买入之前一定要做足功课，慎重思考，定下投资纪律。对几乎所有的投资者而言，每一次低位时都能抄到大底的概率几乎为0。所以，保住本金打持久战才是理性选择。

那么分步建仓有什么好处呢？首先分步建仓可以避免你出现惨败。或许有人会说万一我抄底成功了，不就可以大赚了吗？就算之后有失误，前后抵消或许还是赚的。对于持有这样观点的投资者，我只能问你：你能保证你第一把就能赢吗？如果第一把就输光了，那么你根本就没有第二次试错的机会了。

下跌永远比上涨快。如果你不信，那么下面就来讲明为什么下跌会比上涨快。假设你盈利和亏损的概率一样，幅度也一样，在这里假定你的本金为100元，第一次买入亏损20%，第二次买入盈利20%，经过4次操作之后，每次盈利或亏损的幅度虽然相同，但是结果却是亏损7.84%。见表4-1。

表 4-1

买入次序	本金/元	盈利/亏损/%	总的盈亏比例/%
第一次	100.00	-20	-20.00
第二次	80.00	+20	-4.00
第三次	96.00	-20	-23.20
第四次	76.80	+20	-7.84
期末余额	92.16		

或许你还不服气,因为第一次买入就亏损,如果第一次买入就盈利结果或许就不一样了。第一次买入盈利20%,经过4次操作之后的结果见表4-2。

表 4-2

买入次序	本金/元	盈利/亏损 %	总的盈亏比例 %
第一次	100.00	+20	+20.00
第二次	120.00	-20	-4.00
第三次	96.00	+20	+15.20
第四次	115.20	-20	-7.84
期末余额	92.16		

表4-1和表4-2操作的顺序不同但是结果完全一样,经过4次操作之后同样亏损7.84%。此时,你就能更深刻地理解控制亏损幅度的意义了吧。50%的亏损需要100%的涨幅才能弥补,分步建仓能有效避免出现50%以上的大幅亏损。

既然已经知道了分步建仓的好处,那么应该如何分步建仓呢?首先需要明确的一点是,投资标的应当在你的能力圈范围之内,并

第四章　巴菲特最核心的思想，永远都是安全第一：安全边际

且你已经进行了充分的投资分析，大致估计出了投资标的的价值区间。

当投资标的跌到价值区间的上限时，你应该先买入一定的仓位（比如投资预算的10%，具体比例因人而异，但个人推荐应当不超过投资预算的20%）进行试仓，这样做的好处有两点：①你买到优秀股票的概率会大幅提升；②如果当时处在大盘下跌中继时期，你可以及时审时度势地进行取舍。

众所周知，优秀的股票被低估的可能性较低，可遇不可求。如果你一直守株待兔、耐心等待超值特价，有可能等来的是颗粒无收。而在此期间，股价还会不断上涨，一直等待的机会成本也是非常高的，因此在价值区间的上限买入一定的头寸是很有必要的。

如果这个时机正好是大盘崩溃泥沙俱下的时候，较低的股票头寸也不至于让你一溃千里，有很多投资大师都有成功逃顶却败在抄底的经历——巴菲特的老师"证券分析之父"格雷厄姆曾经在大萧条的时候加杠杆抄底，结果差点破产。**先保证自己不会溃败，方能找准时机反败为胜。**

另外，在盘整阴跌期间，分步建仓也能帮助你有效摊薄成本，你可以越跌越买，将成本不断摊薄，甚至远低于你一次性抄底买入的价格。何况，如果你一次性抄底耗光所有的"子弹"，然而股票还是阴跌不止，甚至出现优质股票被错杀到一个前所未有的低价的情况，这时你也只能眼睁睁地看着股票的特价大甩卖而后悔不已——你已经没钱再去抄底了。**显然分步建仓可以让你获得一个相对较低的持有成本。**

即便出现了最令人遗憾的情况——在你试仓买入之后投资标的大

幅上涨，其实你也没什么损失，至少你已经有了一部分头寸，也有了一定获利。你并没有完全踏空，剩下的投资资金还可以去寻找其他的投资标的。最关键的是，你有效地降低了大幅亏损的可能性，投资者最需要规避的是大幅亏损而不是少赚，所以千万不要本末倒置，追求高收益而忽视潜在的巨大风险。

第三部分
我们的"武器库":成为股市的赢家

第五章
企业对外交流的窗口：财务报表

一、虚拟经营一家面包房：简明财务教程

作为一个合格的价值投资者，你肯定要懂一点财务知识。每年企业都会定期发布年度报告，公司的主管总会在年度报告正文上长篇大论写一大堆，但我们关注的焦点一般都不在正文上——**正文的千言万语都比不了报告后面的财务报表，财务报表的数字才会带给你最详细深刻的企业情报，由此可见财务数据的重要性。**接下来就是最激动人心的内容——分析企业财务报表。

为了帮助读者由浅入深地理解财务报表的内容，下面虚构了一家面包房，通过解读这家面包房的财务数据来学习并理解财务报表。

假设我们准备新开一家面包房。经过我们的调查，过去几年，这附近的面包房经营情况都很不错，面包糕点供不应求。这让我们觉得

开面包房这主意非常不错，绝对有利可图。只要我们努力做出味道不错的面包糕点，就不愁销路。

1. 资产负债表

心动不如行动，在正式营业之前先要把握好面包房的财务状况。那么，就让我们先来看看面包房的资产负债表吧。**资产负债表又叫资产负债平衡表，列出了面包房所拥有的全部资产与负债，因为资产＝负债＋股东权益，所以资产负债表总是平衡的。**

标准的资产负债表主要分成两项——资产项和负债项，最后还有附带的权益项。假如这家面包房的启动资金是50万元，资金是我们抵押固定资产向银行借来的（不是以公司的名义借的，而是以个人名义借的），贷款的期限是5年。那么，在资产负债表的资产项下计入第一个项目——货币资金50万元。

接下来就是寻找店面了，店面可以选择买或者租。运气很好，有人因为急需用钱决定低价出售自己的店铺，只要30万元，这样优惠的价格当然果断拿下。定好店铺之后，还要购入做面包糕点的设备，以及销售面包的柜台等，总共花费10万元。等一切准备就绪之后，资产负债表发生了变化——现金被消耗掉了，资产增加了。于是，资产项变成了三个项目——货币资金10万元；流动资金合计10万元；店铺、设备（固定资产）40万元。

接下来要说说折旧。折旧是指随着使用时间的增长而造成的资产价值的下降，固定资产在使用寿命内，按照规定的方法对应计入折旧额，进行系统分摊。最新的会计准则没有规定折旧年限，但是税法对固定资产的折旧年限有规定——《中华人民共和国企业所得税法实施

第五章　企业对外交流的窗口：财务报表

条例》规定：房屋、建筑物折旧年限为 20 年；飞机、火车、轮船、机器、机械和其他生产设备折旧年限为 10 年；与生产经营活动有关的器具、工具、家具等折旧年限为 5 年。我们的面包房还在筹备之中，没有折旧，所以目前累计折旧这一项没有内容。

下面再来看看资产负债表的负债项。这里所有的数据都是公司的负债。目前我们的面包房没有贷款——那 50 万元的启动资金是以个人名义抵押固定资产向银行借贷的，所以面包房的负债为零。

接下来是权益项。面包房获得权益的途径有两种：获得投资（也就是发行股票）或是经营利润。我们的面包房还在筹备中，所以面包房目前唯一的权益是我们投资的启动资金 50 万元。

最后我们看到的是负债和所有者权益，也就是总资产。总资产是总负债和所有者权益的总和。

面包房也是一家简易的小微企业，当然也就有股权。虽然我们没有实际发行股票，但是根据投资份额不同，实际占有的股权的比例也不同，这里，我们独占所有投资，也就是我们占有 100% 的股权。如果我们发行 5 万股，那么每股的价值就是 10 元，显示在账面价值栏目下。

接下来，让我们看看辛苦经营一年以后的成果。货币资金项下现在有了 15 万元，这是当然，要知道面包房属于高周转的行业，经营可以直接收入现金，甚至找供应商要货可以直接赊账，所以货币资金这一项有所增加。

另外，还多出来一项应收账款项，金额是 5000 元，说明有客户买了商品但尚未结清货款（例如：某个小饭店订了一批蛋糕，只付了一笔定金，尾款需要过段时间再付）。这笔应收账款属于面包房的资产，但尚未结清。但是应收账款有收不回来的风险，比如说客户倒闭了，无力支付或者只能部分清偿货款。

再下面，我们看到存货这一栏也有内容了——存货有2万元，正式经营当然会有库存，就算是面包房，也会有一定的原料库存。也就是说有2万元的货没有卖出去，其中有一部分是成品，另一部分是做面包蛋糕的原料。未卖出的存货作为资产计算，记在存货项下。存货不一定能按照预想的价格卖出，也有减值的可能。就像隔夜的面包蛋糕会打折，这其实就是一种存货减值。

固定资产项下的累计折旧有了变化，毕竟已经经营了一年，10万元的设备分5年折旧，30万元的店面分20年折旧，所以累计折旧是3.5万元。因为规定我们已经"注销"了价值3.5万元的固定资产。我们花了40万元买下这些资产，现在的账面价值只剩下了36.5万元。

说完了资产项，再来看看负债项。在负债项下我们看到了2万元的应付账款，表示所有没有结清的账单，也是所有的公用事业费用、赊欠供应商的货款等各种未支付的账单。

权益项也有了变化，我们看到了未分配利润有55000元（还没分红，上市公司还需要提取盈余公积金，我们是个小店，就不去管这个了），这是我们第一年的经营利润，第一年的净资产收益率就有11%，表现相当不错了。面包房现在的权益总共有55.5万元，包括最初的50万元的投资和第一年的经营利润5.5万元。这些未分配利润既可以分红，也可以选择继续投资——比如，购入更好的设备，做出新式面包来吸引更多顾客上门。

可以看到，经过第一年的努力，面包房现在的价值已经提高到了55.5万元。之前假设的5万股的每股价值也相应提升，达到了每股11.1元。

在开张的第二年，我们将对面的竞争对手逼入绝境，最终他决定不和我们玩了，出售自己的面包房。光靠我们一家店供应面包是远远不够的，所以我们决定盘下这家店，再开一家分店。可是我们的资金不够，这时候就需要融资了，最简单的就是去找银行贷款。

于是，负债表上多出了一个项目，如果期限在1年内（包括1年），那么就填入短期借款，超过1年就填入长期借款，我们向银行贷款5年，所以填入长期借款。收购这家店我们花了30万元，长期借款项下也就多了30万元。

这两年我们的面包房经营得不错，营业收入蒸蒸日上，顺带还挤走了竞争对手，因为我们并没有引入投资者（银行那部分贷款属于负债，银行并不是公司的所有者），所以这5万股统统还是我们的。经过两年努力，我们挣了不少，并且没有过分红，所有的钱还留在公司的账上用作运营和投资，现在的股东权益已经有62.5万元了，也就是每股12.5元。

经过了5年的发展，我们的面包房遇到了困境，由于分店的员工吃回扣，再加上在面包房顺风顺水的时候盲目扩张了几家分店，现在经营压力很大。由于分店吃回扣用了较差的原料，我们的面包口碑下滑，顾客们不买账，生意惨淡，只能靠降低价格来维持销量。

我们的现金所剩无几，只剩下了5000元，快要发不出工资了。

加上贷款的压力，估计要卖出之前盘下的几家分店来渡过难关。盲目扩张使得我们的固定资产总值大幅增加，从第二年的 80 万元增加到了现在的 200 万元。同时我们的折旧也大幅增加，最初一批设备差不多已经到了报废的时候了，不仅如此，开了几家分店之后，我们还新添了不少设备。

负债项下我们增加了一大笔，从最初的 30 万元到现在的 150 万元，好在都是长期贷款，哪怕最早的那笔贷款也还有 1 年多的偿还期。在巨大的压力下，考虑引入投资者迫在眉睫，否则我们就不得不卖出收购的分店求生。真是太糟糕了！

第五年年末的每股权益不升反降，从第二年的 12.5 元降到了 10.5 元。最近几年挣的钱都买设备和开分店了，然而人工和贷款利息都在收割我们的现金流。看来关掉一部分分店，引入投资才能渡过这次难关，否则我们就要破产了！

今年是经营面包房的第八个年头，我们卖掉了新开的几家分店，断臂求生。并且引入了一名投资者，以每股 6 元的价格总共投资 30 万元就分走了我们一半股权，实在是有点打劫的意思。但是好在是雪中送炭，救了我们的面包房，总算是熬了过来。生意也走上了正轨，新来的投资者还帮我们联系了好几个学校，这样我们就包下了这几个学校小卖部的面包蛋糕生意，现在面包房经营更稳健，利润也更高，辛苦也算是有了回报。

让我们来看一下现在的财务状况。最夺人眼球的当然是股东权益，每股的股东权益暴增到了 14.70 元，也就是说这 3 年我们不仅渡过了困境，还让股东权益增长了 40%。这也意味着我们的 5 万股现在价值 73.5 万元。当然最赚的还是那名投资者，仅仅 3 年，他的 30 万元投资就变成了 73.5 万元。这也是他为什么愿意花 30 万元帮我们渡过难关的原因所在。投资困境转型期的公司风险很大，当然成功回报也很丰厚。

况且我们的面包房已经走上正轨，每年利润都在不断地增长。

2. 利润表

看完了资产负债表之后，再来看看利润表，从利润表可以更深入地了解公司的运营状况——我们知道赚了多少，哪些是经营成本，哪些是税费，怎么会亏损。在第一年年底的营业收入项下，可以看到我们的面包房第一年销售了 20 万元的面包糕点。同时，银行存款还获得了 2500 元的利息收入，也就是说我们第一年的收入是 20.25 万元。

再往下看，可以看到这些收入的去向：其中一部分是成本，包括原材料、用工、销售费用、管理费用以及财务费用（如果你的利息收入大于利息支出，财务费用就是负数）。第一年还会看到我们在研发上也花了钱，我们研发出了新式特色面包糕点，正是通过研发特色新产品，我们才将竞争对手挤走。

并非所有公司都会热衷于研发，在你投资之前需要着重考虑——这家公司是什么性质的企业，是否在营销上过度投入，是否愿意在研发上投资，研发的新产品前景如何。如果公司在营销和研发上大量投入，但是效果却很不理想，这意味着有相当一部分的利润将变成成本，但这部分成本并没有发挥应有的效用，被白白浪费掉了，而这本该是投资者的分红。

并不是所有公司都有大笔研发费用。比如，面包房的研发费用就很低，因为开发特色产品非常困难。而销售费用也不会太高，面包房的营业员不需要多高的文化，因此工资不高。

再比如采石场也几乎没有任何研发费用，采石技术已经很成熟而且没有多少改进余地，采石场的客户也很稳定，几乎不需要额外的开拓成本。

而医药公司的研发费用就会很高，不开发新药意味着出局（医药公司之间竞争激烈，不进则退），开发新药就要大笔投入，新药研发出来以后还要进行临床试验，试验失败意味着之前的研发打水漂。但一旦研发成功，就意味着能大赚一笔，药品的毛利率都非常高，特别是疑难杂症的特效药。另外，医药企业还需要高素质的销售团队，药品的专业性很强，销售人员的用工成本很高，所以需要支付较高的销售成本。

下面来谈谈利润，第一年我们的面包房一帆风顺，营业收入有20万元。减去各项成本之后的利润总额大约是57900元，其中，5%也就是约2900元作为所得税交给政府（小微企业有税收优惠，对小型微利企业年应纳税所得额超过100万元但不超过300万元的部分，减按25%计入应纳税所得额，按20%的税率缴纳企业所得税。实际税负为5%），剩下的净利润55000元留在资产负债表上。如果公司不进行分红，那么净利润就与未分配利润相当，这也是公司第一年的净利润。

到了第二年，我们顺利地挤走了我们的竞争对手，并且扩展了一家分店。到了第五年，志得意满害苦了我们，盲目自信扩张的3家门店并没有带来多少利润，相反，巨额贷款利息蚕食了仅有的利润，再加上经营的问题，我们陷入了困境，这些在利润表上都有所反映。

最后，我们还是挺了过来。因为成功引入了一位外部投资者，再加上我们果断卖出亏损的店铺，财务状况有了大幅改观。外部投资者带来了他的资源，我们开拓了学校的市场，这样即便不增加店铺数量，也能增加收入，所付出的代价仅仅是增加一些人工和设备而已。

于是，面包房的生意重新走上了正轨，营业收入和利润均有大幅提高。虽然外部投资者拿走了大部分利润，但是毕竟是他在面包房经营陷入困境的时候帮助我们走出了泥潭，同时还帮助我们的小店拓宽了经营渠道。最终我们的权益也获得了提升，可以说是双赢。由此也可以看出，帮助经营困难的企业成功转型是能获得巨大利益的。可谓是高风险高收益的投资。

3. 现金流量表

最后一张表是现金流量表，它可以帮助你看清企业的现金状况和流动轨迹。

在现金流量表中你能看到三个最主要的大项：经营活动产生的现金流量、投资活动产生的现金流量以及筹资活动产生的现金流量。

经营活动产生的现金流量的流入现金主要是销售商品、提供劳务产生的收入，流出现金则是购买原料等生产必需品、接受劳务付出的报酬。

投资这方面的流入以收回投资、获得投资收益、处置资产等投资活动为主，流出则以购入建造资产、投资支付为主。

筹资活动流入的资金主要来源是外部投资人的投资、获取银行贷款等渠道为主，流出则正好相反，与偿还贷款、分红、撤资等行为有关。

我们以第五年和第八年为例，第五年我们大笔举债扩张，这一点在现金流量表上记录得非常清楚，我们的面包房经营亏损，所以经营活动产生的现金流量净额也为负数。第八年我们获得外部投资，经营状况反转，经营现金流也同步提高，这也是企业逐步走出困境、步入正轨的迹象。我们还可以看到筹资方面流出了大笔现金，那是我们偿还了银行贷款，降低了利息支出，优化成本提高利润的表现。

很多经营方面的行为都会通过现金流量表反映出来。比如，经营现金流如果为负，意味着企业可能销售了大量商品却没有收到货款——这些货款都是以应收账款、应收票据来支付的，这既意味着有潜在坏账的风险（上家没钱兑付甚至倒闭），也让你知道这家企业未来现金流可能会吃紧。

以上这些基础知识可以帮助你更好地阅读真实的财务报告。掌握这些财务知识既能帮助我们更好地理解企业的经营状况，又能有效地规避风险，所以对于一名投资人来说是必不可少的。

虚拟面包房的财务报表见表5-1—表5-3。

表5-1 资产负债表　　　　　　　　　　　　单位：元

项　目	第一天	第一年年末	第二年年末	第五年年末	第八年年末
资产：					
货币资金	100000	150000	200000	5000	500000
应收账款	—	5000	25000	70000	40000
存货		20000	50000	100000	80000
流动资产合计	100000	175000	275000	175000	620000
固定资产总额	400000	400000	700000	2000000	1200000
累计折旧	—	35000	105000	700000	500000
固定资产净额	400000	365000	595000	1300000	700000

第五章 企业对外交流的窗口：财务报表

续表

项目	第一天	第一年年末	第二年年末	第五年年末	第八年年末
总资产	500000	575000	975000	2175000	1820000
负债：					
应付账款	—	20000	50000	150000	50000
短期借款	—	—	—	—	—
1年内长期负债	—	—	—	—	—
流动负债合计	—	20000	50000	150000	50000
长期借款	—	—	300000	1500000	300000
非流动负债合计	—	—	300000	1500000	300000
负债合计	—	20000	350000	1650000	350000
股本	50000	50000	50000	50000	100000
未分配利润	—	55000	125000	25000	670000
所有者权益合计	500000	555000	625000	525000	1470000
负债和所有者权益合计	500000	575000	975000	2175000	1820000
每股净资产	10.00	11.10	12.50	10.50	14.70

表5-2　利润表　　　　　　　　　　　　　　单位：元

项目	第一年年末	第二年年末	第五年年末	第八年年末
收入：				
营业收入	200000	300000	500000	1200000
成本：				

续表

项　目	第一年年末	第二年年末	第五年年末	第八年年末
营业成本	100000	150000	350000	600000
销售费用	30000	47000	95000	201600
管理费用	12500	17500	42500	105000
研发费用	2100	550	—	6700
财务费用	−2500	11250	74000	2500
其中：利息费用	—	15000	75000	15000
利息收入	2500	3750	1000	12500
利润：				
营业利润（亏损以"−"号填列）	57900	73700	−61500	284200
利润总额	57900	73700	−61500	284200
减：所得税	2900	3700	—	14200
净利润	55000	70000	−61500	270000

表 5-3　现金流量表　　　　　　　　　　　　　　单位：元

项　目	第一年年末	第二年年末	第五年年末	第八年年末
一、经营活动产生的现金流量：				
销售商品、提供劳务收到的现金	195000	275000	360000	1065000
收到的税费返还	—	—	—	—
经营活动现金流入小计	195000	275000	360000	1065000
购买商品、接受劳务支付的现金	58000	81000	238000	458000

续表

项　目	第一年年末	第二年年末	第五年年末	第八年年末
支付给职工以及为职工支付的现金	78100	119300	183600	289600
支付的各项税费	8900	12700	12900	51000
经营活动现金流出小计	145000	213000	434500	758600
经营活动产生的现金流量净额	50000	62000	−74500	266400
二、投资活动产生的现金流量：				
收回投资收到的现金	—	—	—	—
取得投资收益收到的现金	—	—	—	—
处置固定资产、无形资产和其他长期资产收回的现金净额	—	—	—	200000
投资活动现金流入小计	—	—	—	200000
购建固定资产、无形资产和其他长期资产支付的现金	400000	—	—	—
投资支付的现金	—	—	—	—
取得子公司以及其他营业单位支付的现金净额	—	300000	900000	—
投资活动现金流出小计	400000	300000	900000	—
投资活动产生的现金流量净额	−400000	−300000	−900000	200000
三、筹资活动产生的现金流量：				
吸收投资收到的现金	500000	—	—	300000
取得借款收到的现金	—	300000	300000	—

续表

项　目	第一年年末	第二年年末	第五年年末	第八年年末
筹资活动现金流入小计	500000	300000	300000	300000
偿还债务支付的现金	—	15000	75000	515000
分配股利、利润或偿付利息支付的现金	—	—	—	100000
筹资活动产生的现金流出小计	—	15000	75000	615000
筹资活动产生的现金流量净额	500000	285000	225000	−315000

二、你手中的武器：进阶数据分析

读过上一部分之后，大家应该对财务报表有了一个基本认识。下面再来说说一些进阶数据的分析。这些进阶数据能使我们更好地掌握公司的基本状况。

1. 流动比率

第四章中简要介绍过营运资本效率的重要性。那么如何来判别营运资本效率的高低呢？这就引出了我们要说的**第一个进阶数据——流动比率**。

流动比率是通过流动资产与流动负债之间的比得来的。这个数据可以告诉我们，企业在1年之内账上流动资产转化为现金并以此来偿还到期债务的能力。这是一个常用的进阶数据，对于绝大多数的企业来说，流动比率的理想数值在1.5以上，如果这个数值在1左右，那就意味着企业短期偿债压力很大,如果这个数值超过4,那么就意味着企业的资产效率较差。

一般来说,流动比率低于1说明企业的现金流吃紧,现有的流动资产不足以偿还到期债务,必须进行筹资或者引入外部投资来解决短期债务的问题。当流动比率在1左右的时候,你应该进一步研究企业的流动性问题。

如果流动比率超过4,则意味着企业可能没有利用好现有资产,或许是存货太多,原料囤得太多,也可能是应收账款、应收票据太多,现金回收不及时,也可能是企业支付应付账款过快,或许是兼而有之。总之,出现流动比率超过4的情况,就应该进行适当的调查研究,以便更好地掌握企业的经营状况。

当然,这也并不绝对。如果在经济景气度较差的情况下,维持较高的流动比率是理性选择——找不到好的投资机会,不如留存流动性等待机会。这时,企业的账上应该有大笔现金或者现金等价物,如果流动比率较高且流动资产中应收账款、应收票据占比较高,那就要提高警惕了,可能企业未来的坏账压力会较大。

流动比率的高低与企业的性质有关,零售业流动比率的波动通常较大, 因为它们的存货量较低,应收账款较少且安全性较高,零售业的性质意味着能提供充足的流动性,所以降低营运资本有助于提高企业的效率。

而龙头酒企业和龙头医药企业的流动比率一般都比较高,这是由他们的产品一般不愁销路,企业经营活动中能创造出大量的流动性,投资扩张又相对受限所导致的。

A股房地产板块的流动比率也是比较高的，但这主要是上市房企的存货高企，中国楼市连年上涨导致房企大量囤积土地和房产，实际上这些存货变现能力有限，所以上市房企的偿债能力并不像它们的流动比率数值所显示出来的那样游刃有余。

2. 速动比率

正因为流动比率有这样那样的缺陷，所以经过进一步深入分析之后，我们只考察流动性极高的资产，也就是说我们将存货、预付款这类资产剔除，只考虑现金、应收账款之类的流动资产，看企业能否满足短期债务偿付能力。这个数据被称为**速动比率**，这也是我们引入的第二个进阶数据。

大部分企业的速动比率期望值应该设定在1左右，当然在合适的范围内速动比率越大越好。 表面上看起来让人满意的流动比率数据可能因为较高的存货而失真（如A股市场的上市房企）。

华夏幸福的流动比率和速动比率见表5-4。

表5-4 华夏幸福的流动比率和速动比率

财务指标	2021-09-30	2020-12-31	2019-12-31	2018-12-31	2017-12-31	2016-12-31
流动比率	1.2879	1.5445	1.5785	1.5167	1.5280	1.3998
速动比率	0.7866	0.9169	0.4845	0.4676	0.5204	0.4772
资产负债比率/%	83.2589	81.2936	83.9047	86.6453	81.0933	84.7814
产权比率/%	497.3314	434.5755	521.2993	648.7980	428.9136	557.0921

由表5-4中的华夏幸福的流动比率和速动比率看出，华夏幸福的流动比率长期在1.5以上，最低也在1.3左右，但是华夏幸福的流

动性危机已经人尽皆知。再看华夏幸福的速动比率，马上就发现了问题所在——华夏幸福的速动比率长期在 0.5 以下，最高也不过 0.9 左右，这样一来，华夏幸福流动性危机的真相也就一目了然了。

在 A 股市场上，有很多上市房企都是这种类型——存货过多、存货变现周期长、短期债务压力大。所以，上市房企频繁圈钱也就不足为奇了。

对于大部分的企业来说，存货变现的偿债能力都很有限，因此当你发现企业的流动比率很高而速动比率很低的时候，你有理由对企业的短期偿债能力产生怀疑。

3. 资产负债率

谈过了偿债能力之后，当然也应该聊聊有关负债的指标。这就要引出一个很多人耳熟能详的指标——**资产负债率**。资产负债率是用企业的债务总额除以企业的总资产得到的。

资产负债率是衡量企业整体债务水平的指标。资产负债率高的企业，也被称为"高度杠杆化"的企业，这意味着企业总资产之中的负债高于（甚至远高于）股东权益。

高杠杆率到底是好还是不好呢？资产负债率为多少算正常，为多少又算过高呢？ 这两个问题的答案应该取决于企业各个时期的经济状况。从理论上来说，企业的借款利率低于收益率，那么借款就有利可图，这样的借款就是良性借款，投资者也能从中获益。但是，实际操作起来却因人而异。

首先，未来的收益率只是一个预期，你必须要考虑能不能到达预期的情况；其次，借款成本是有波动变化的，也许当前有利可图，但未来却未必（利率升高的同时你的收益却在下降）；再次，即便借款成本非常低并且可以长期持续下去，这些借款最终也是要偿还的，当债务负担过高而你获得利润的流动性不足或者行业陷入不景气时期时，你很快就会陷入流动性危机之中。

所以无论如何，过高的资产负债率必定会拖累企业，至少企业不该有过多的有息负债（像应付账款、预收款之类的无息负债可以适当放松）。笔者个人认为资产负债率绝对不应过高，最好不要超过60%（当然也应该视不同行业而定，比如说金融业就不适用这个标准），过高的资产负债率必定对应过低的流动比率、速动比率，这意味着流动性危机的风险较高。当流动性危机来临的时候，不要说盈利了，就是保本也很困难。

4. 存货周转率

介绍完资产方面的进阶数据之后，再来聊聊经营管理方面的进阶数据。首当其冲的就是**存货周转率**。

在会计中，存货被认为是一种流动资产。众所周知的是并不是所有的存货都具有高流动性，因此需要通过测量存货的销售速度来理解企业存货的流动性。存货周转率是一段时间内售出商品的收入除以同时期内平均存货得来的。

存货周转率计算公式为：

$$存货周转率 = 一段时间内的销售总额（或营业收入）/（期初存货 + 期末存货）/2 \quad (5-1)$$

也可以通过存货周转天数来计算存货周转率，即

$$存货周转率 = 计算时期的天数 / 存货周转天数 \quad (5-2)$$

存货周转率是反映企业存货管理质量水平的指标。存货闲置的时

间越长对企业的价值越小。存货水平过高会增加存货减值、损坏的风险，并且会占据大量的企业资源。当出现存货过多，企业流动性不足的情况时，企业可能会被迫大量融资，这将增加企业的财务负担。财务负担过重，甚至会给企业带来经营风险。

接下来，通过实际的案例来更好地理解存货周转率。首先来看中药行业，同样都是知名中药供应商，云南白药的存货周转管理水平无疑要比同行高不少，其存货周转率一般在2左右；而东阿阿胶的存货周转率就明显要比同行低许多，前几年疯狂提价透支了经销商的现金流，现在其存货周转率只有0.5出头，暴雷之前也只有0.9不到，盈利质量堪忧，甚至有向经销商压货、故意刷利润的嫌疑。

与以上两家药企相比，片仔癀和同仁堂的存货周转率则居中，分别是1.66和1.13左右。除云南白药外，另外三家的存货周转率逐步走低，存货的流动性都有所降低。以上四家药企的存货周转率见表5-5（2021年第三季度的数据并非全年数据，在此仅供参考）。

表5-5　2016—2021年第三季度四家中医药企业的存货周转率趋势表

企　业	存货周转率					
	2016年	2017年	2018年	2019年	2020年	2021年第三季度
云南白药	2.5062	2.1476	1.8863	1.8607	2.0808	2.1068
东阿阿胶	0.8809	0.7784	0.7157	0.4516	0.5108	0.4983
片仔癀	1.1762	1.7791	1.8860	1.6953	1.6654	1.3025
同仁堂	1.2596	1.2795	1.2402	1.1548	1.1309	0.9259

2016—2021年第三季度四家中医药企业的存货周转率变化曲线如图5-1所示。

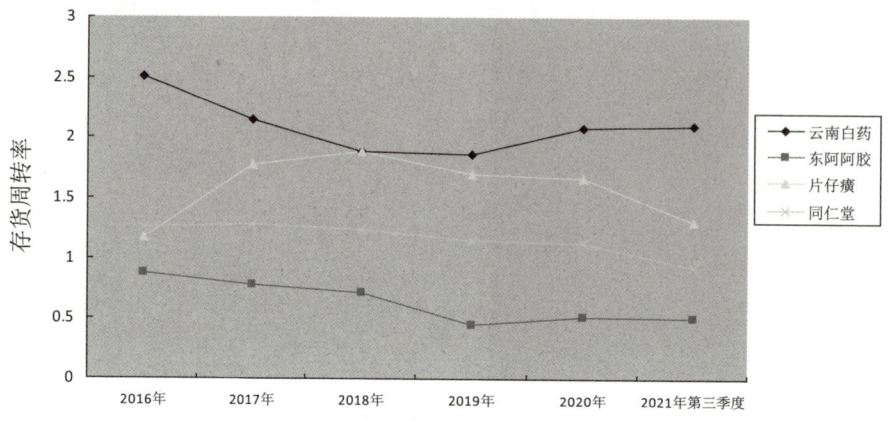

图 5-1 2016—2021 年第三季度四家中医药企业的存货周转率变化曲线

近两年（2020—2021 年），零售业的存货周转率同样也不尽如人意。因为行业性质，零售业的存货周转率往往较高，然而从重庆百货、王府井、大商股份这些零售业上市公司的存货周转率来看，同样是逐年走低。传统零售业受经济环境的影响非常明显。三家零售业的历年存货周转率见表 5-6（2021 年第三季度的数据并非全年数据，在此仅供参考）。

表 5-6 2016—2021 年第三季度三家零售业上市公司的存货周转率趋势表

企 业	存货周转率					
	2016 年	2017 年	2018 年	2019 年	2020 年	2021 年第三季度
重庆百货	11.7595	10.6587	11.2313	10.1890	5.5652	4.7528
王府井	29.2943	25.5712	24.9242	22.0628	5.1286	3.9053
大商股份	14.2645	9.5201	5.5930	4.2372	1.3660	0.9027

2016—2021 年第三季度三家零售业的存货周转率变化曲线如图 5-2 所示。

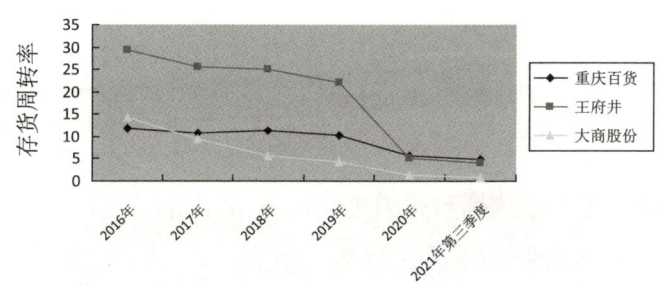

图 5-2　2016—2021 年第三季度三家零售业的存货周转率变化曲线

即便是受新冠疫情波及较少的电商类上市公司也同样受到了影响，其存货周转率也在下降。两家上市电商的存货周转率见表 5-7。

表 5-7　2019—2021 年第三季度两家电商上市公司的存货周转率趋势表

企　　业	存货周转率		
	2019 年	2020 年	2021 年第三季度
值得买	67.0602	47.0405	22.9082
壹网壹创	8.6660	6.7595	3.1585

企业存货周转率的连年走低，我们也可以从中看到经济环境的不景气。企业的存货变现能力在逐步走低，这就意味着企业存在流动性危机，可以预见如果将来没有改善，其流动性危机将愈演愈烈。由此看来，在不久的将来，有相当一部分的企业会努力囤积现金并降低投资，这将会是一个大概率事件。

5. 应收账款周转率

企业的赊销政策能减缓流动性压力，可以有效提高企业的营运效率。但是，过多的应收账款不但会提高呆坏账额，同时也会对企业的现金流产生巨大的压力。加快应收账款的回收能提高企业的流动性，增强企业抵御风险的能力。

要判断企业的应收账款是否过量，可以通过计算营业收入和应收账款的比例得到。那么，如何判断企业的应收账款是否账期过长，或回收困难呢？**应收账款周转率**就能帮助我们了解这方面的实际状况。

应收账款周转率的计算公式如下：

应收账款周转率＝营业收入／（期初应收账款余额

＋期末应收账款余额）/2　　　　（5-3）

用一年的天数除以应收账款周转率能得到应收账款的平均收款期。一般来说，应收账款周转率越高越好，这意味着企业的应收账款的账期较短、回收迅速、能有效减少呆坏账带来的损失，能让企业的流动性更健康，提高企业的短期偿债能力。

接下来看看明星行业——白酒行业应收账款周转率的情况。白酒行业的龙头——贵州茅台的应收账款周转率非常高，2020年的周转次数是63.4次，也就是说平均收款期只有不到6天。而同行业的周转次数中位数只有26.47次，远远低于贵州茅台的周转次数。

相比之下，贵州茅台多年的老对手五粮液在这方面就做得很一般了，同期的应收账款周转次数只有3.4次，远低于行业的平均水平。五粮液的周转率效率太低（虽然从账面上看五粮液并不缺钱），如果五粮液能进一步提高应收账款周转率，那么其经营效率也能有相应的提高。

总体而言，提高应收账款周转率能有效降低企业的呆坏账，增加企业运营效率。降低经营风险，提高资产的流动性。所以，企业应尽可能地提高自己的应收账款周转率。

6. 流动资产周转率

现代企业的经营一切以效率为先。资产利用的效率越高越好，除了存货周转率和应收账款周转率之外，**流动资产周转率**也是反映企业运营效率的重要参考指标之一。

分析流动资产周转率能让我们更好地了解企业是否充分有效地利用好手上的流动资产——产品销量如何，库存水平是否合适，应收账款回收是否及时，是否调动闲置资金用于短期投资创造效益，是否积极开拓增强销售能力等。一般来说，流动资产周转率越高，则企业流动资产周转速度越快，利用流动资产的效率越高，高周转的流动资产在一定程度上能增强企业的盈利能力。

流动资产周转率的计算公式如下：

$$\text{流动资产周转率}=\text{营业收入}/(\text{期初流动资产}+\text{期末流动资产})/2 \quad (5-4)$$

染料行业的龙头企业浙江龙盛的流动资产周转率长期在 0.53～0.6，然而受到新冠疫情的冲击，在 2020 年其流动资产周转率大幅下降至不到 0.43，同期的存货周转率也从 0.5 左右下降到了不到 0.4，每股收益也同步下降，从 1.5766 元降低到了 1.31 元。其最主要的竞争对手闰土股份的情况也好不到哪里去，其流动资产周转率从 1 以上降到了 0.84 不到，每股收益也是大幅下滑。

由此可见，流动资产周转率同净利润之间的联系。**流动资产周转率越高，证明企业运作效率越高，产品没有积压，账款也能及时回收，呆坏账风险较低；反过来，则说明企业的运营出现了问题。**流动资产周转率可以同之前提到的存货周转率和应收账款周转率相互配合，以便我们更好地了解企业的实际运营状况。

7. 毛利率

获取利润毫无疑问是经营企业最重要的目的之一，甚至可以说盈利的效率决定了企业的效率。每1元营业收入能产生多少利润，也就是**毛利率**，是衡量企业经营效率最重要的指标。

毛利率因行业不同而不同。一般来说，制造业的毛利率远低于奢侈品行业的毛利率，部分亏损企业的毛利率为负，而茅台的毛利率甚至可以超过90%。任何企业都希望在不影响销量的情况下尽可能地提高毛利率，是否有提升毛利率的潜力取决于企业是否有控制市场的能力。通常企业产品的不可替代性越高，毛利率越高。

毛利率的计算公式如下：

$$\text{毛利率}=(\text{主营业务收入}-\text{主营业务成本})/\text{营业收入} \quad (5\text{-}5)$$

高毛利率也是一把双刃剑——过高的毛利率意味着几乎没有可提升的空间。茅台的毛利率长期保持在91%以上，但这也意味着茅台继续提升毛利率的可能性微乎其微。也就是说，茅台只能通过提升销量来进一步提升利润，这就与产量有限的茅台酒矛盾了。茅台如何进一步提高利润，这对管理层是个不大不小的考验。贵州茅台的毛利率见表5-8。

表5-8 贵州茅台的毛利率

企　业	毛利率/%					
	2016年	2017年	2018年	2019年	2020年	2021年第三季度
贵州茅台	91.2251	89.7962	91.1420	91.3028	91.4092	91.1914

所以，与其把注意力放在超高毛利率的公司身上，不如试着找找有提升潜力的中等毛利率的企业，要知道企业的成长性也是投资价值的一部分。

当然，如果没有特殊情况，**毛利率过低甚至是负值的企业通常都是不太值得投资的**。过低的毛利率无疑会拖累企业的利润率，通常毛利率过低的行业，产品严重同质化且竞争激烈，这意味着毛利率提升艰难，企业不得不通过增加销量来提升利润。而要提高销量，只有通过不断提高销售成本乃至打价格战来争取市场份额，一旦长期陷入这样的恶性循环，不要说利润了，就连生存可能都有困难。

8. 净资产收益率

净资产收益率也就是股东权益收益率，是企业股东所出资本获取回报的比率。净资产是由总资产减去总负债得到的。

净资产收益率的计算公式如下：

$$净资产收益率=净利润/（总资产-总负债） \qquad (5-6)$$

净资产收益率当然是越高越好，特权企业一般有较高的净资产收益率（≥15%）。竞争激烈的行业净资产收益率一般较低。另外，一般重资产型企业的净资产收益率较低，而轻资产型企业的净资产收益率较高。

特权企业的标杆——当然是"股王"贵州茅台。其2020年度净资产收益率高达31.41%。被笑称"中药茅"的片仔癀，2020年的净资产收益率也高达23.07%。由此可见，特权企业在净资产收益率方面的优势。

同样是特权企业，重资产型特权企业就属于不同类型，重资产型特权企业的典型——中国石油在 2020 年度的净资产收益率只有区区的 1.6%，2021 年第三季度中国石油的净资产收益率虽然有所改观，但依然只有 6.05%。零售业的代表——王府井 2020 年的净资产收益率只有惨淡的 3.37%。由此可见，重资产且竞争激烈的行业，净资产收益率提升非常困难。

通常不建议投资净资产收益率过低的企业。如果企业的净资产收益率低于 10 年期的国债利率，那么意味着这家企业的收益必定跑输通胀，投资这样的企业不仅得不到收益，还会错失其他的投资机会，造成机会成本损失。所以，请珍惜你的投资资本，谨慎投资。

另外，净资产收益率和毛利率一样，过高意味着提升空间有限。有时候，有潜力且价格合适比高价的"大众情人"更有魅力。

9. 总资产报酬率

总资产报酬率是企业运用所有资产所取得的收益率。总资产包括股东权益和负债，可以通过总资产报酬率来一探企业运用资产的效率。前面说过如果收益超过负债利息，增加负债就是理性的，另外利用延长无息负债的付款期也可以提高企业的利润。

假设某家上市公司有一些应付账款，账期是 7 天。如果企业能延长支付期限，比如延长 7 天再支付，那么就能额外获取 7 天的利息收益，而这部分收益就是短期负债带来的。长期负债也是一样，即便是银行的中长期贷款，利率按 5 年期 LPR 计，也就是 4.65%。如果企业的总资产报酬率能达到 10%，那么企业就能得到额外的 5.35% 的收益。

如此看来，适当利用好杠杆能有效提升企业的利润。总资产报酬是合理的。

适当的折现率不仅取决于无风险利率,还要考虑国家经济发展趋势、通货膨胀率等各种因素。经济景气期的风险远小于经济衰退期的风险,因此两个周期折现率也会有所不同。经济景气、经济发展前景好的时候,应该调低折现率,以防止买不到心仪的投资标的;经济衰退、经济停滞的时期,最好提高折现率,这时投资盈利是次要的,保证本金安全才是重中之重。

当然,你可以选择最偷懒的办法来确定折现率,那就是将10年期国债利率当作折现率。但是最好还是按照实际情况,因为企业的确定性、风险水平的高低是不断变化的。

确定折现率并且进行现金流估算是非常困难的,这与你的能力圈密切相关。在进行相关测算的时候,最关键的是如何正确地评估企业的实际经济状况,这就还需要掌握一定的经营管理方面的知识。有关这方面的知识会在第六章详细讲解。

在进行现金流估算之前,有一些概念是大家必须要掌握的,那就是市盈率、市净率和市销率。下面就来分别介绍一下这些概念。

1. 市盈率

市盈率应该是这三个概念中最让人熟知的一个。**市盈率就是交易价格同每股收益之间的比率,投资者通常会用市盈率来衡量公司股票的市场价格是否合理**。通常投资者更看好高市盈率公司的发展前景,所以高市盈率一般出现在新兴行业中,这些行业具有高成长、利润高增速、市场前景好等特点。

从历史上来看,由于中国经济的高速发展再加上投资渠道的匮乏,

A股的平均市盈率普遍较高，虽然近年来有所收敛（至少主板是这样），但是在创业板、科创板里，市盈率动辄两三百倍的个股并不罕见。

目前上证主板的平均市盈率在16倍左右；深圳主板的平均市盈率约25倍，相对10年期国债收益率（约为2.8%[①]）来说，均在合理的范围之内。但是这也仅仅是主板而已，创业板的平均市盈率高达50倍以上，科创板更是青出于蓝，达到60多倍，即便算上创业板、科创板的成长空间，这样的市盈率也绝对偏高，甚至说是泡沫也不为过。

之前已经说过，**不论这家企业有多优秀，只要价格不合理，也可能让你亏惨**，最典型的就是"48惨案"的缔造者——中国石油。上市初期的中国石油一度被爆炒到48.62元的历史高位，而当时的每股收益只有0.75元，市盈率高达60多倍，对于这样成长空间极其有限的航母级上市公司来说无疑是灾难。最终的结果大家也都看到了，中国石油让巴菲特大赚了一笔（巴菲特买的H股，成本只有几元钱，还是港币），却"掩埋"了绝大多数的A股投机者。

股价高达2627.88元的贵州茅台，其动态市盈率超过了当时的中国石油，达到66倍以上，最终支持不下去，价格一路狂泻到1500多元，跌幅40%以上。"中药茅"片仔癀的市盈率曾一度超过120倍，经过一番调整之后，目前仍然高达88倍以上。

虽然市盈率并不能代表一切，但超高的市盈率（周期类股票除外，周期类应该参考整个行业周期的平均市盈率）通常都意味着巨大

[①] 取自2022年2月的10年期国债收益率。

的风险（尤其是成熟行业的企业，即便新兴行业也需谨慎）。当你看到超高市盈率的上市公司时，无论这家上市公司是否为行业龙头，所在的行业发展潜力、市场前景如何，都请务必保持冷静。

2. 市净率

接下来再来看看市净率（P/B），市净率是指股价与企业净资产之间的比率。投资者通常会将一家企业的市净率与同行业的企业相比较，以此来确定这家企业的定位。一般市净率越高的股票，投资者对其发展前景就越乐观，高市净率意味着股票正在被投资者追捧。

以 A 股为例，银行业的市净率非常低，大多数银行股的市净率均低于 1 倍，有的甚至低于 0.5 倍，例如在 2022 年 2 月 18 日，中国银行只有 0.51 倍，交通银行也只有 0.48 倍，最高的宁波银行也不过 2.05 倍。而在同一天，受到追捧的新能源锂电池板块的龙头——宁德时代的市净率高达 16.90 倍，最高的融捷股份的市净率达到逆天的 49.22 倍，甚至比许多股票的市盈率还高。

如果你能在某个优势行业找到市净率低于 1 倍的某只股票，那么你就可以用低于该公司净资产的价格买入该公司的股票了。 一般来说，这样的股票并不多见（在 A 股的巨型航母类里并不鲜见），但要经过深入调查分析之后，才能考虑投资。切不可无脑买入，要知道无脑买入永远都意味着高风险。

3. 市销率

最后是市销率（P/S），市销率这个概念可能大家比较陌生。计算方法是用企业的股价除以每股的销售额（每股销售额一般不会列出，需要你自行计算），或者用总的市值去除以销售总额得出。如果你发现了一家资质不错的上市公司的股价小于等于该公司每股销售额，那么恭喜，你应该获得了一个不错的投资机会。

要知道，对于绝大多数的企业来讲，公司的价值同公司的销售额正相关，公司一般通过增加销售额来带动价值增长和各项运营指标的增长。销售额越大，意味着利润越多。企业的发展速度一般不可能超过销售额的增长速度。

2021年第三季度，"股王"贵州茅台的市销率在25倍以上；相比之下，恒瑞医药就要低得多了，其市销率只有9.42倍；而"48惨案"缔造者、中小股东的"血泪"——中国石油的市销率仅为0.53倍多一点。最高和最低相差50倍之巨。如果你发现某家公司拥有很低市销率的同时，还有较高的毛利率，那么你绝对应该认真研究一下，这可能是一个非常不错的投资机会。

4. 现金流占收入比

最后来关注一下上市公司的收入质量——现金流量表上的一个比值。

用经营活动产生的现金流量除以经营收入得到一个比值，这个比值就是经营活动产生的现金流占收入比，它可以反映经营收入的现金流支持程度。这个比值越高，说明企业当期收入得到的现金较多，赊欠较少，企业的坏账风险也较小，流动资金更充裕，经营也更稳健；反过来，则说明企业得到的现金较少，赊欠较多，企业坏账压力大，现金流吃紧，严重时甚至会出现债务危机。

该比值可以大于100%。当比值大于100%时，说明本期收到的销售现金大于销售收入，这意味着当期销售得到现金加上前期应收账款到账的总额大于销售收入。

当出现这种情况时，通常企业的应收账款会下降；当比值接近100%时，说明销售现金和销售收入基本一致，企业没有增加额外的应收账款，资金周转良好，企业运营稳健；当比值大幅低于100%时，应引起投资者警惕，企业可能增加了大量应收账款，这时应分析其债权质量，以防止出现大量呆坏账。在这种情况下，企业的短期流动资金可能会吃紧，要注意及时防范风险。

如果你发现了一家上市公司的市盈率、市净率和市销率都很低，毛利率以及收入质量较高，经营稳健且没有明显财务造假的痕迹，管理层的水平又在平均水准以上级别，那么基本上可以提前恭喜你了，你马上就要赚钱了（A股市场相对比较特殊，需要用以上提到的多种数据、进阶数据进行详细分析，并考虑该上市公司是不是在你的能力圈范围内，才能做出最终的决定）。

一次成功的股票投资是对未来的一次精确的预测。成功投资股票的能力也就是准确预测未来（上市公司未来前景和该公司未来股价）的能力。需要指出的是，无论你对过去的历史研究有多透彻，都不可能通过历史来百分之百正确无误地预测未来的一切。股票投资始终是有风险的，过于沉迷研究公司的历史不仅不能帮助你提高预测未来的准确性，反而有可能带来灾难。

投资股票是一门艺术化的学问，非常难把握，然而一旦成功，你将获得巨额收益。因此，股票投资需要你根据历史数据对未来的可能性进行综合判断。历史数据是为你判断未来服务的，但是你不能完全被历史数据左右，需要自己根据历史数据做出判断，提高未来的确定性，这种确定性越高，投资成功的概率就越大。从历史数据和始终存在的风险之间找出一个平衡点，取决于你自身的认识和理解。

四、警报！前方有地雷阵：躲过地雷，识别财务欺诈

对于任何投资者来说，财务欺诈都是成功投资的最大障碍之一。而A股更是青出于蓝，财务欺诈屡禁不绝。从操纵利润到伪造销售额，从关联交易输送利益到控股股东虚构项目挪用资金，从通过虚报库存价值来减少计提存货减值额到虚报投资，成熟市场常见的欺诈手段一个不落。不仅如此，在此基础上还会别出心裁，创造出了不少具有A股特色的造假技巧。

令人遗憾的是，我们对于财务欺诈的手段却不太重视，关注的焦点仅仅在于造假本身，很少有人从技术层面上深入剖析，揭露上市公司造假的具体方法。**作为投资者，识破造假是必备的技能，否则再怎么努力都是白费**。因此，下面详细介绍如何识别这些财务地雷。

在掌握一些简单的财务知识的基础上，再对上市公司财报进行研究分析，经过仔细比对，大部分的造假手段都可以被识破。即便不能完全看破，至少也能对此有所怀疑。对于怀疑点过多的公司，我们应当本着"不要亏"的基本原则，宁可错杀一千，也绝不放过一个，**该放弃的时候绝对不要心存侥幸，无论何时，保住本金才是最重要的**。

另外，在分析企业财报的时候，不仅要将各个年度的数据进行比对，而且还要和同行业的其他公司进行对比，只有这样，才能更容易

地找出破绽。现在是网络时代，上市公司的历史财报非常容易找到。选择同行业的其他公司进行对比才是重点，除了要业务接近之外，还应该尽可能选择那些资产规模、历史背景相似的同业公司。总之，越相似越好，能对比的数据越多，看破造假的可能性也就越高。

（一）"优化"财报的手段

下面就来看看上市公司都有哪些"优化"财报的手段吧。

1. 应收款项

打开任何一家上市公司的财报，你都能看到大量的"应收账款"和"其他应收款"，这是正常经营所产生的，应收账款通常都是还没来得及收回的货款，而其他应收款主要是往来款项。但是，对于图谋不轨的上市公司来说，这是方便他们做假账的绝佳项目。

为了做高当期利润，上市公司通常会伙同关联方进行赊欠交易。赊欠交易，顾名思义也就是让关联方赊账买入一批货物，然后在发布下一年度的财报前将货物退回，这样这笔交易就相当于没有发生过。

这种"优化"手法会在当期的资产负债表和利润表上有所体现，但是在现金流量表上绝对不会有任何痕迹——赊欠交易当然不会产生现金流。所以，当你看到某家上市公司的资产负债表上突然出现大笔应收账款，利润表上的利润也大幅增加，但是现金流量表却风平浪静的时候，你就应该对此有所怀疑——这家公司是不是在利用应收账款做高利润？不要等到下期因退货重新修正的财务报表发布了之后才后悔，这时候等待你的除了下跌的股价之外，就只有悔青的肠子了。

更厉害的造假当然是伪造应收账款，虚构子虚乌有的营业收入，这种行径已经不能用"操纵利润"来形容了,这就是彻头彻尾的财务欺诈。同样,伪造应收账款也能从现金流量表中看出蛛丝马迹,毕竟这笔收入是不存在的,当然也不会有经营现金流流入(现金流量表也不是万能的,某些上市公司甚至会将魔爪伸向现金流量表,但是你可以参考上市公司是否长期分配红利,毕竟分红不能造假,分出去的都是真金白银)。

不但应收账款可以伪造,其他应收款也可以伪造。其他应收款可以是第三方使用公司无形资产的款项,也可以是委托理财的闲置资金等。从造假的角度来看,其他应收款比应收账款更合适,因为应收账款主要是货款,既然是货款,那就意味着你必须提供产品销售单据,这就容易露出马脚。而其他应收款类别很杂,随意性要比应收账款大得多,这样一来就很难抓住实证。在我国的A股市场,账上躺着巨额其他应收款的上市公司很多,但因其他应收款造假被查处的上市公司却少之又少。

其他应收款还有一个非常重要的作用,那就是充当上市公司大股东的小金库。大部分上市公司大股东挪用公司资金都是以其他应收款的名义入账。虽然有关部门不断对挪用资金的行为严查,但挪用资金的现象依然屡禁不绝。在目前的市场模式下,大股东挪用公司资金不仅轻而易举,而且还低风险高回报,自然是乐此不疲。虽然这并不属于严格意义上的财务欺诈,但这肯定是一种违规行为。

2. 坏账准备金

与应收账款相对应的就是坏账准备金了。所谓坏账准备金,就是假设应收账款中有一定数额因对方赖账、公司破产等原因而无法收回，所以必须提前将这部分金额扣除。

对于应收账款数额很大的企业来说，坏账准备金的微小变化都能造成净利润的巨变。理论上，坏账准备金应该随着账龄的变化而变化，账龄越长，成为坏账的可能性就越高，坏账准备金的比例也应该随之相应地提高。一般来说，超过5年账龄的应收账款已经基本失去了收回的可能性，应当予以勾销，承认坏账损失。对于肯定无法收回的账款（比如对方破产）应该及时勾销。

然而实际上不少上市公司并没有按照规定操作。他们对应收账款的账龄一视同仁，甚至在财报中连账龄结构都不公布。对于这样的公司，还是走为上。

3. 存货和采购量

存货也是财务欺诈的重灾区。在一些存货价值难以估计的行业（比如收藏行业，某些藏品非常像，但价值却有天壤之别），通过利用虚增存货、减少结转成本的同时增加结转存货，就能虚增利润。在这样一顿操作之后，甚至可以带来毛利率上升、成本下降的"经营盛况"。

然而，实际上我们看到的存货只是一个数字而已，当审计人员在审计时无法确认存货价值时，就给了上市公司一个造假舞弊的机会。等到年景差的时候，再进行一次大额计提库存减值准备金，就能将之前虚增的利润洗得干干净净。这样一来，好处都归了减持的机构以及公司大股东，倒霉的只有被骗的投资者。

更加恶劣的是虚构存货，舞弊的上市公司会通过伪造装箱单、验收单以及采购单来虚构存货。特别是涉农的上市公司，虚构存货的概率非常大。因为农林牧渔行业的存货难以审计，不论是活鱼还是扇贝，碰到问题就说病死了事，你拿它一点办法都没有。

另外，它们还会随意变更存货的计价方式。正规的企业会根据自身的需要选用符合企业会计准则的存货计价方式，但计价方式一旦确定，就不能随意变更。如果实在需要变更，就必须在报表中详细说明变更原因以及对公司财务数据的影响。但在舞弊公司的眼里这都不是事，他们会随意变更计价方式，按需"优化"存货价值，以达成自己不可告人的目的。

存货财务造假的端倪在于存货的非正常增长。存货价值高，存货周转率却很低，存货增长速度高于营收增长速度。如果出现上述疑点，那么企业就有通过减少结转成本虚增存货价值的可能性。简而言之，遇到存货周转率下降，但存货占总资产比例提升的公司，投资者就应该提高警惕，应该仔细阅读企业财报，看看是否能找到合理的解释。另外，还要将存货的结构与公司生产经营状况联系起来，对比一下是否相匹配。

说完存货造假就不免又要谈到虚构采购额了，虚构采购额一方面能为做高净利润提供依据，另一方面还能通过虚构金额来转移资金。虚构采购额主要是通过关联公司或者空壳公司来实现的。

如果你发现上市公司财报披露的前五名的供货商的应付账款占比过高，采购过于集中且呈现出加剧的趋势，对关联公司的采购额剧增，并且采购货物的价值难以估计，那么你最好要留个心眼，这家公司有虚构采购额的可能。如果在此基础上还有经营活动的现金流量净额长期为负值的现象，那么十有八九这家公司有问题，你最好避而远之。

4. 在建工程、固定资产和对外投资

在 A 股市场中，很多上市公司会不断圈钱进行项目投资，他们上市是为了投项目，定向增发也为了投项目，不分红还是为了投项目。这么多的项目投资当然会有猫腻。

我们都知道，很多公司正常经营都需要厂房、商铺等固定资产，也需要建设生产流水线等投资项目来发展壮大，这些固定资产不仅价值不菲，而且定价困难（价格波动较大）。

于是，不少不法之徒就动起了歪脑筋。他们通过故意抬高固定资产的价格来转移差额，一来一去就可以使其他股东遭受不小的损失；另外，他们还可以故意低估投资成本，或者通过延长固定资产投资周期来减少企业的成本费用，从而"优化"企业的净利润；或者对在建工程、固定资产的金额进行造假，日后再通过折旧慢慢化解。

除了固定资产，长期进行对外股权投资也可以通过资产减值将过去贪污的差额消融于无形（如果不想露出太大的破绽，这些手脚所造成的夸大或者低估都是有限的，毕竟投资成本是可以被估计出来的）。总之，对长期资产动手脚比之前提到的造假手段更隐蔽，也更危险。综上所述，"在建工程""固定资产"和"对外投资项目"可谓是财务造假的重灾区。

这些造假手段虽然隐蔽，但也不是完全无迹可寻。例如，某家上市公司承诺的投资项目不仅没有按期完工，而且还不断推迟，或者刚刚完工产生效益，就故意找借口重新休整，这就很值得怀疑。如果出现了这些状况，而且公司在定期披露的财务报告中并没有给出令人信

服的解释,那就有理由怀疑是在搞"图纸工程"了。

漫长的建设周期、缓慢的投资进度都有可能是为了给公司作假提供空间。"高大上"比"短平快"更有回旋余地,清查起来也更困难。所以,当一家上市公司大部分的投资项目都是些"高大上"的长周期项目时,是否能按期完成应该是你考察的重点。

(二)具体案例分析:西安达尔曼财务舞弊案

达尔曼于1993年以定向募资的方式成立,主营珠宝、玉器加工与销售。其于1996年12月在上交所上市,在1998年和2001年分别进行了两次配股,在股市圈钱高达7.17亿元。

从财报数据上看,达尔曼1997—2003年间的销售收入共计18亿元,净利润合计4.12亿元,总资产高达22亿元,其中净资产增长4倍,达到12亿元。在此期间,公司各项财务数据均衡增长,可以说达尔曼是作假高手,有很强的迷惑股市"菜鸟"甚至一部分"老鸟"的能力。

达尔曼2003年的年报显示,公司出现了净亏损,主营业务收入从2002年的3.16亿元暴跌至2.14亿元,亏损额高达1.4亿元,同时公司重大违规担保事项也暴露了,涉及人民币3.45亿元、美元133.5万元;另外,还有包括质押4.27亿元大额定期存单在内的合计5.18亿元的恶性质押事项。最终,达尔曼于2005年3月25日被终止上市。

2005年5月17日,证监会公布了对达尔曼的行政处罚决定书,指控其虚构销售收入、虚增利润,通过虚签建设合同和设备采购合同、虚假付款、虚增工程设备价格等方式虚增在建工程,重大信息未披露或未及时披露。调查表明,达尔曼从上市到退市的这8年的时间里全都是靠财务欺诈过日子。所谓的优质企业其实只是实控人许宗林的圈钱工具罢了。

达尔曼的造假非常具有隐蔽性，对于学习如何识别财务欺诈的投资者来说是一个不可多得的案例。达尔曼的财务欺诈具体有以下几个特点。

（1）达尔曼的财务欺诈经过了精心策划，手法严丝合缝，具有较强的隐蔽性。 达尔曼对虚构业绩进行过规划，并有相应的货币资金划转流程，伪造了足够的原始资料和销售单据，并且按照营收状况足额缴纳税款。

为了便于融资、资金流转和交易，许宗林设立了大量的关联公司和空壳公司，总数多达30多个。这些公司的法人几乎都是许宗林身边的人——可能是司机，也可能是身边的基层职员，许宗林只需要盖几个章就能轻松完成他的"大交易"。另外，达尔曼还在不同公司的多个账户进行倒账洗钱，尽可能地掩盖造假真相，再加上手续齐全，使得造假更为完美。

（2）许宗林以上市为终点，圈钱为目的，通过不法的洗钱手段为自己牟取私利。 从一开始达尔曼就是一个泡沫，一个骗局。许宗林的目的是将达尔曼掏空，将上市公司的资金洗成自己的，并转往国外。

（3）银行成为达尔曼造假的间接帮凶，也是达尔曼财务欺诈能存在8年之久的原因之一。 银行可能协助达尔曼完成了各种复杂的融资交易、转移资金、虚构存款，甚至帮助隐瞒大额存单质押等违法行为。虽然没有直接证据表明银行直接参与了这一切，但达尔曼是一家上市公司，按规定必须在年报中详细披露银行贷款、存单质押、对外担保等状况，而在长达 8 年的上市期间，银行却对达尔曼大量的违规担保、未及时披露担保信息、转移资金、质押大额存单等违规行为视若无睹。

（4）达尔曼财务欺诈的本质其实是一个"借新还旧"的骗局，因此对资金极其饥渴，通过不断圈钱来支撑骗局。为了使财务欺诈以假乱真，达尔曼对虚构的营业收入全额纳税，还多次进行分红，同时支付巨额利息进行融资，用来维持资金链条的不断裂，据估算达尔曼 8 年财务欺诈的实际成本高达数亿元之巨。最终，由于造假成本过大，导致资金链难以为继，达尔曼骗局终于退潮，只留下了一群"裸泳"的投资者。

（三）识别财务欺诈的方法

1. 同业盈利指标对比

达尔曼由于虚构了净利润，所以在财务报表上会显示出其远远超过同行业平均水平的反常盈利能力。达尔曼在 1996—2002 年间的年平均毛利率高达 45%，年平均净利率也达到了 38%，这远远超出了同行业的正常水平。当某家上市公司出现了反常的超高利润率时，投资者应该格外小心，必须仔细查证这方面数据的真实性。

2. 现金流量指标

现金流量表的造假比资产负债表和利润表的造假难度更大，因此现金流量表上的数据比利润更真实可靠。但碰上"不讲武德"的达尔曼，这一招也失灵了，达尔曼为了做到逼真，伪造了经营活动的净现金流量，并通过其关联的空壳公司大量融资，使达尔曼的现金流看上去非常充裕，对研究经营活动净现金流量的投资者造成了极大的困扰。

因此，我们不能将注意力只放在经营活动现金流这个大项上，还应该对其他现金流的指标仔细研究。达尔曼的投资现金流极其反常（达尔曼的投资活动净现金流长期为负，而且数额巨大），如果你对此有所关注，自然会产生怀疑，从而躲过这个大坑。

3. 周转率指标

一般来说，虚构利润必然会伴随虚构营业收入、存货以及交易往来等经营活动。而这些虚构必然会使应收账款持续增长，从而导致周转率下降。

达尔曼的应收账款周转率和存货周转率都很反常，从1999年开始大幅下降，这两项指标的年周转率都低于2，也就是说达尔曼从购入原材料、生产制成品到销售回笼货款这一整个流程需要整整1年以上的时间，这样的营运效率与之前高毛利、高净利的漂亮成绩单形成了强烈的反差。可以说经过这样一比对，达尔曼的财务欺诈已经呼之欲出，怎么藏也藏不住了。

4. 销售关联度和关联交易

大量虚构的业绩往往只能通过关联公司或者空壳公司进行交易，这样一来公司的销售集中度就会非常高。达尔曼的前五家客户的销售额占了公司全部收入的91%以上，而前两家客户就占了67%左右，光这两点就值得我们警惕。更何况，达尔曼的客户群变动非常频繁，要知道优秀公司的客户一般都非常稳定，对达尔曼这样业绩优异的上市公司来说，客户群频繁变动显然是不可思议的。

可以说，当一家绩优上市公司出现了无正当理由客户群频繁变动的情况，就等于这家上市公司在向你坦白自己的造假行为。

5. 公司治理结构和监管问询

从公司治理结构的完善程度、高层变动情况（特别是财务部门的变动情况）、遭受监管机构问询和处罚的次数、受到诉讼和参与担保的情况等方面我们也能发现一些蛛丝马迹。达尔曼的财务主管被多次更换，而外部审计师也如同走马灯似的换了又换，这些都在提醒我们这家公司可能有问题。

另外，证监会在2001年、2002年对达尔曼的高毛利率、关联交易、信息披露违规等问题进行问询，并提出整改要求。以上的一切都在说明达尔曼很可能存在重大财务欺诈行为，对于这样的警示我们又怎能不闻不问呢？

综上所述，财务欺诈具有高收益、低风险的特征，当事后发现财务欺诈时，绝大多数的"抢劫犯"早就带着这些不义之财逃之夭夭了。与其出现状况后亡羊补牢，不如现在就扎紧篱笆，提高自己识别财务欺诈的判断能力才是上策。

巴菲特先生曾对财务欺诈提出如下警告："用钢笔偷走大量数额，比偷走少量枪支安全得多。" 为了避免成为"钢笔抢劫案"的受害者，除了仔细阅读财务报表之外，还要格外留意企业的管理层和企业的管理模式。优秀的管理层和企业文化会鼓励诚实守信，而无耻的管理层和企业文化会更倾向于用"钢笔"打劫。公司管理层的品德操守是判断该企业是否诚信的重要标志。

第六章
优秀的管理

一、迎接全球化的挑战：管理模式与企业发展趋势

关于如何考察管理层，巴菲特先生一直都在强调要选择你"喜爱、信赖和敬佩"的人。杰出的投资大师几乎都很重视管理因素。然而，管理因素很难量化，也没有客观的数据可以参考。因此，考察管理层一般都只能通过阅读企业当期以及历史财务报表来管中窥豹。

1.管理层的品格

管理层最重要的品格是诚实正直，否则你很难保证他们不会中饱私囊。投资者能否对管理层进行监管是非常重要的，如果你在考察的过程中发现有一丝不好的苗头，那么你一定要追究到底，一旦发现管理层有营私舞弊的嫌疑，那么最好的选择就是及时跑路。

既然我们已经知道了企业历史财务报表的可信度决定了企业管理

者的可信度。那么，评估企业历史财务数据就成了投资之前必不可少的功课（关于财务数据的相关内容，参阅第五章）。即便你确认了管理者既可信又杰出，也未必要提高对企业的估值；但是反过来，如果管理层品行不端、能力低下，就必须要调低对企业的整体估值。

然而，很不幸的是，**我们的 A 股市场的上市公司的估值总是很高，而上市公司的管理层又非常会搞事情**。很多 A 股上市公司的管理层通常只会考虑自身的利益，比如：缺钱就去圈；分红和我没关系（铁公鸡，一毛不拔）；送（拆）股不用我花钱，真香！对于这样的管理层，你应该给予惩罚——不考虑投资。可悲的现实却是劣币驱逐良币，这也是希望大家能学习价值投资的原因之一。

2. 经营目标

因为文化差异，各个国家或地区的企业经营目标各不相同。一般来说，我们普遍认为美国企业经营的根本目的是为股东谋利，而日本、欧洲的企业则认为企业经营的根本目的不仅仅是为股东服务，还要考虑到员工、债权人乃至社会的利益，因此日本、欧洲的企业必须要审时度势，然后找到一个平衡点。

中国的企业更接近于日本、欧洲的企业，但与日本、欧洲不同的是 A 股市场的上市公司有相当一部分是国有企业。很显然，A 股上市公司并不是完全为股东服务，还要考虑就业，承担起社会责任，甚至稳定经济等。

A 股市场的上市公司最大的问题是太不在乎股东利益（尤其是中小股东的利益），甚至认为股东是为上市公司服务的，这根本是本末倒置。虽然很多公司的管理层会把保护中小投资者利益这句话挂在嘴边，但说过就是做过，实际操作依然我行我素，只知道往自己兜里装钱，公司监管（董事、监事很多都是自己人）形同虚设。这也是我们的市场不成熟的表现之一，这方面也是我们需要花大力气提高的地方。

3. 监管

美国的主流企业管理是将企业的所有权和控制权分离，股东既可以用脚投票，卖出他们认为管理糟糕的上市公司的股票，也可以让那些平庸之辈甚至品行低劣的管理层人员滚出去。美国的企业披露法案也确保了上市企业业绩透明度的下限，从根本上保护了投资者的利益。

A股基本上只能用脚投票，几乎看不到股东罢免不合格的总经理、董事长这样的事发生。当然，近年监管方面的处罚力度加大，大额罚单也越来越多，这一点还是非常值得肯定的。

美国的消费市场非常成熟，企业的管理水平能通过消费市场反映出来——品牌的影响力、消费者的消费习惯和偏好等都能反映出企业的管理水平。但是，管理层的薪酬却从来不与他们的管理水平挂钩，这一点在哪儿都一样——企业的效益非常一般甚至垃圾，而管理层的薪资却十分惊人，某些管理层明面上的薪资平平，却借股权激励等方式大肆捞金，这一点非常不公平。

对于这样恶劣的行为必须要加强监督管理。经过较长时间的发展，美国在这方面有较为成熟的应对机制。受害的股东不仅可以提起诉讼，而且还有大量专业的律师团队会给他们提供法律帮助。即便如此，也不能完全杜绝管理层疯狂捞金。

而在国内，这个问题更是泛滥成灾，管理层侵害股东权益的事件屡见不鲜，在监管公司管理层方面依然还有很长的路要走。虽然近年来有少量控告管理层的集体诉讼案例，但仍处于摸索阶段，流程也相对烦琐，在这方面我们还是要多向成熟市场借鉴宝贵经验。

在企业破产的时候，美国企业中的其他相关人员与股东的权利又大不相同。美国企业在破产时，股东的清算顺序排最后，也就是说等债权人、员工、顾客等其他方面的利益清算完毕，最后才轮到清算股东的利益，因此，美国企业也不是完全意义上的股东第一。而在A股市场上，一般来说国有资产拥有清算的优先权，其次才是其他相关方。当然，这样可以有效地保护国有资产的不流失，但也是权衡利弊之后的无奈选择。

4. 全球化带来的趋势

在全球化的今天，企业的正常运营需要企业间广泛的合作，也就是说企业之间相互协作、共同进步的趋势不断加强。无论你喜不喜欢，这是大势所趋，忽视这种发展趋势无疑会使你的投资之路布满荆棘。这种发展趋势不仅缩小了国家、地区之间的差异，而且这样国际化、跨国家或地区的经营也使得股东所有权关系相对弱化。

就像商品市场一样，金融的国际化趋势也越来越明显。不仅投资者（资本提供方）突破了国家和地区的限制，可以在全球范围内不断地寻找更好的投资机会，企业（资本需求方）也在努力地表现自己，以期能得到最低成本资金的青睐。资本市场的隔阂越来越小，大家更多地在金融市场中直接竞争，互相督促，共同进步（近期这种趋势有所弱化，但和值得信任的贸易伙伴进行区域合作还是大势所趋）。

因此，标准化是大势所趋。于是，越来越多的国家或地区开始采用国际化的会计准则，并且制作双语财务报表（大多都是母语和英语）。国际化的会计准则具有高可比性和透明度，充分披露企业的各种信息，可以让投资者清晰地了解到企业的实际情况。

未来企业会计的发展趋势对于投资来说是极其重要的。各种各样的会计规则能帮助投资者更好地把握企业的实际状况，如果能有效建立起一种真实诚信的审计文化，那么企业与投资者之间的隔阂将越来越少，透明度也会越来越高，这将大大提高我们的投资效率。长远来看，对企业和投资者都有好处。大家都应关注并推进这种全球范围内的会计制度的改进，不断学习最新的会计准则，以便更好地把控自己的投资。

随着全球化的推进，企业的发展趋势越来越朝着股东，即市场模式发展，增强中小股东的地位和话语权能加强企业经营活动的透明度。大股东长期一股独大，在企业内部搞"一言堂"，将损害企业的信誉度，增加企业的融资难度，最终成为阻碍企业发展的绊脚石。

A股市场的上市企业大多不重视中小股东的发言权，甚至中小股东自己也不在乎这一点。中小投资者一般自称为"股民"，以博取股票差价谋利，从来没有自己是公司权益的拥有者这方面的意识，而上市公司管理层的态度就更为傲慢，企业管理日趋官僚化，目中无人，视中小投资者为"工具人"，将企业视为自己的私有财产，肆无忌惮地侵害投资者的利益。管理者的管理水平粗劣、横行霸道也是A股市场不被投资者信赖的重要原因之一。

5. 股东的权利意识

如果说美国的企业价值原先是以股东至上，那么我们就是以管理层至上。 在过去，我们大多数的上市公司都是中央或地方国企、乡镇企业以及家族企业发展而来的，家长式的经营管理痕迹非常明显。企业利益由"家长"来分配，股东权益能否得到保障完全看"家长"是否有良心。

虽然目前这个现象还是没有得到明显的改善，管理层和大股东基本上还是能和以前一样为所欲为，但现在我们也能听到一些不同的声音。例如有上市公司的年度分配方案在股东大会上被否，然后重新提议分配方案的情况；也有管理层提出的投资收购方案被驳回的案例，其中最知名的当属某电器公司的收购案了。

在一场临时股东大会上，该电器公司的收购提议被质疑。其董事长兼总裁说出如下言论高声"提醒"投资者："公司没有亏待过你们！你看看有哪个上市公司是这样给你们分红的？我5年不给你们分红，你们又能把我怎么样？"对股东的轻蔑之情可见一斑。

从这样的言论来看，该董事长完全将此电器公司当成是自己的企业，认为股东是在"躺赚"，公司的一切都是他挣来的，股东出不出资都没关系，是股东辜负了他，完全没有股东才是企业所有者的概念。然而，最终股东还是顶住压力行使了自己的权利，将收购案否决。

通过这个案例，我们看到了A股市场股东权利意识的觉醒，或许此收购案被驳回将会是股东权利意识觉醒的开端。如果真是如此，那么A股离成熟市场又近了一步。

6. 信息披露

在各种市场交易，尤其跨国市场交易市场中一直存在一个问题——信息披露障碍。虽然买卖双方都知道要获取精确的相关信息才能对投资标的进行正确的评估，也知道要对相关的商业机密保密，并且会达成书面的保密协议进行约束。但是因各个国家或地区的实际情况迥异，信息披露要求也都各不相同，这就产生了一种隔阂。

美国的证券市场比较成熟，信息披露要求更多地考虑投资者，因为有相对较为完善的商业机密保密措施，美国企业披露的信息量要远超其他国家的市场。美国的地方性法规、股票交易相关规则、市场公开透明度的要求都迫使企业向相关方披露大量信息。而其他国家则不同，欧亚国家信息保护更严格，卖方不希望买方知道部分敏感的企业信息，于是会采取较为苛刻的保密协议，但这样做会使买方很被动，甚至会让买方做出放弃交易的决定。

其实卖方这样做是非常合理的，因为并不是所有的国家都有一套成熟的保障系统来约束泄密，这样一来，对于买方又显得太不公平。这一点在跨国交易中特别明显，基于各国的信息披露习惯的不同，买卖双方更难达成一致。

对相关信息的理解也是因人而异，各个国家都有自己的理解方式。传统上更依赖社会、政府的国家一般都会忽略对私人利益的关注，这就会造成信息披露得不彻底，信息披露要求比较宽松，效果也就很平平。或许对当地市场来说，早就习以为常，投资者也会觉得无关紧要（事实上信息披露对投资决策的影响很大，直接关系到投资收益，甚至可以说发财和破产之间只差一个重要的信息），但对跨国交易来说，是个非常大的阻碍，轻则产生误会交易受阻，重则直接谈崩老死不相往来。

另外，对信息披露违规的容忍度，各国家或地区也各不相同。我们的 A 股市场过去对信息披露违规非常宽容，处罚力度也相对较轻。而最近有了从严的趋势，这是一个非常好的现象。而成熟市场，特别是美国股市，对于信息披露违规的处罚是极其严厉的。

关于信息披露违规最典型的案例当属 21 世纪初的安然造假案了，这家曾被《财富》杂志连续 6 年评选为"美国最富创新精神"的公司是世界最大的电力、天然气以及电信公司之一。无数投资者对安然趋之若鹜，但这一切都随着媒体曝光该公司涉嫌财务造假而灰飞烟灭。

2001 年 11 月 30 日，安然的股价由年初的 80 多美元跌到 26 美分，股价几乎归零。

2001 年 12 月 2 日，公司向纽约法院申请破产保护。

一瞬间，投资者全军覆没，血流成河，惨不忍睹。

于是，美国国会立刻行动了起来，经过参众两议院长达 5 个多月的冗长激辩之后，《上市公司会计改革与投资者保护法案》正式出台，该法案对《1933 年证券法》和《1934 年证券交易法》做出修改，大幅提高了上市公司造假的违法成本。具体条例如下。

（1）对上市公司财务造假责任人进行法律问责。

①故意欺诈的犯罪最高判处 25 年监禁，对犯有欺诈的公司和个人分别处以最高 2500 万美元和 500 万美元的罚款。

②故意破坏或伪造文件以阻止、妨碍或影响联邦调查的行为视为严重犯罪，将被处以罚款或 20 年监禁或并罚。

③执行证券发行的会计师事务所的审计和复核底稿要至少留存 5 年，以备调查之用，任何故意违反此项规定的公司将处以罚款或 20 年监禁。

④公司的首席执行官（CEO）和财务总监必须对报送给美国证券交易委员会的财务报告的合法性进行宣誓，如若违法，将处以 50 万美元以下或 5 年监禁的处罚。

⑤起诉证券欺诈的诉讼时效由违法行为发生起 3 年和被发现起 1 年延长到 5 年和 2 年。

⑥对检举人员实行保护，补偿特别损失和律师费，对检举人员进行报复打击的，最高可处 10 年监禁。

（2）对会计师事务所和个人的法律问责。

①临时或永久吊销会计师事务所执照。

②临时或永久禁止违规会计师执业。

③临时或永久限制会计师事务所或会计师的执业活动。

④对故意、明知故犯、不计后果的行为或者屡教不改的过失行为，可对其处以 75 万美元以下的罚款；对事务所则可处以 1500 万美元以下的罚款；对于过失行为，个人可处 10 万美元以下的罚款，事务所可处 200 万美元以下的罚款。

⑤对事务所以及相关责任人进行追究，强制要求其参加附加专业培训和教育。

⑥美国证券监督管理机构和会计监督管理机构规定的其他处罚。

投资者还可以对上市公司和中介机构进行集体诉讼。

最终，安然被美国证监会罚款 5 亿美元，直接破产。安然公司有几十名职员被提起刑事诉讼，CEO 被判 24 年监禁并处以 4500 万美元的罚款；财务造假的策划人被判处 6 年监禁并处以 2380 万美元的罚款；公司创始人虽因离世被撤销了刑事诉讼，但仍被追缴了 1200 万美元的罚款。安然的投资者通过集体诉讼获得了 71.4 亿美元的赔偿金。

拥有 89 年悠久历史，曾位列全球五大会计事务所的安达信因帮助安然公司财务造假被判妨碍司法公正罪后破产。

保荐投行也没逃过此劫，同样遭受重罚，花旗、摩根大通、美洲银行因财务造假分别向投资安然的受害者赔偿了 20 亿美元、22 亿美元和 6900 万美元的赔偿金。正因为这样的严刑峻法，美国股市的造假才得到明显的遏制，市场秩序也迅速好转。这方面的经验教训是非常值得我们 A 股去学习借鉴的。希望在不久的将来，我们 A 股的财务造假也能变得越来越少，信息披露也更规范，市场秩序也能朝着更有序的方向发展。

7. 双向发展

并不是所有的事情都会沿着一条道路来发展。企业的利益是可以和股东、员工、供应商等各个利益相关方所共享的。曾经，员工除了企业开出的工资和劳动关系以外，并无其他相关利益（尽管现在还有很多企业同员工之间依然只有这些联系）。但到了现在，员工与企业不仅是雇主与雇工之间的关系，还可能有其他的联系，比如，成为企业的所有者（通过市场买入、期权激励等方法入手股权），享受企业提供的各种福利等。

员工与企业之间的联系越来越多，也会向企业要求更多的福利，包括工伤福利、生育福利、社会保险、工会福利等。所有这些福利都需要花钱，而过去通常认为这些钱都归股东所有。拥有优秀福利待遇的公司的员工更忠诚，福利待遇好的大厂员工跳槽概率要远小于福利待遇差的小微企业，而欧美国家企业员工的跳槽率也要低于我国。

企业员工的稳定性对股东也是很重要的——没人希望自己投资的企业的员工人心惶惶，上到管理层下到基层员工整天不工作光想着跳槽。可以说，找到股东与其他利益相关方的平衡点，然后谋求共赢是未来企业的发展趋势。

像这样的双向发展趋势还有很多。比如说诉讼体系，任何投资人都会对糟糕的管理层深恶痛绝，想必每个投资人都希望能通过正常的诉讼渠道索赔，甚至将这群混账东西赶走。但是，诉讼体系也是一把双刃剑，别有居心的投机者会利用这一点，滥用诉讼权来折腾正常的管理层，从而达到他不可告人的目的。目前，也只有美国的诉讼体系鼓励股东通过法律途径来反制管理层，绝大多数其他国家都没有选择这样的诉讼体系。

事实证明，美国这类诉讼案件的质量参差不齐，大量愚蠢的诉讼请求也消耗了美国的司法系统资源。为了控制诉讼权不被滥用，美国于1995年颁布了《私人证券诉讼改进法案》，通过这部法律过滤掉滥用诉讼权的请求，使得司法体系运作能更高效。

在长期投资的过程中，巴菲特充分认识到了具有企业所有权意识的管理者的重要性。因此，他给出的建议是：管理者的水平会对你的投资收益率产生巨大的影响，所以当你选择了在你能力圈范围内的优秀企业，且管理者是具有企业所有权意识的优秀管理层，那么你最好永远都不要抛弃这家企业或者找另一家企业取而代之。本章第二部分就来谈谈如何找出杰出的管理层。

二、你愿意拥有什么样的企业：管理企业的方式方法

上一部分曾提过找到股东与其他利益相关方的平衡点，然后谋求共赢是未来企业的发展趋势。也就是说，管理层要在股东和其他利益相关方之间找到一个平衡点，不论偏向哪一方，都会出现麻烦——过于倾向股东，企业福利太差会影响企业的稳定性；过于倾向于其他利益方可能会引起股东的不满，甚至股东大量用脚投票，让公司的运营举步维艰。总之，企业管理分析的一部分内容就是评估管理层平衡各方利益的水平如何。

股票市场的发展史也是一部上市公司不断增加公开披露信息的历史。现在全世界大部分的国家都在用法律、股票交易所的规范、证监会的监管要求等法律条文、规章制度来迫使上市公司向股东以及社会公众公开披露各类相关信息，甚至很多企业超出要求，自发披露有用的信息。在如今的信息社会，获取信息的渠道繁多，各类财经网站、BBS、公司官方网站等各种信息渠道提供的资讯也很多，只要你不是太懒，那么你就能得到海量的信息。

当然，信息太多也是一种麻烦。海量的信息之中充斥着垃圾信息，你必须进一步进行筛选，找到其中的优质信息作为考察企业管理层的依据。优秀的管理层会从企业所有者的角度来制订公司的经营方针，他们将股东当作公司的合伙人而非予取予求的"韭菜"。投资者

第六章　优秀的管理

应该去粗取精、奖优罚劣，找出优秀的管理者并且果断地投上自己宝贵的一票——用自己的钱投票。

即便你有幸找到了这样一个管理层团队，你还要进行进一步的考察——管理层的利益会和股东的利益有冲突。当出现这种情况的时候，管理层是否有能力化解冲突，找到平衡点就显得非常重要了。管理层这方面的能力越强，就越值得投资该公司。

通过企业的公开信息探究企业管理层的管理能力以及管理的方式方法是否优秀，其困难程度甚至超过通过财报估算出企业的内在价值。但是方法总比困难多，所以不要气馁，只要我们向这个方面去努力，就一定能得到相应的回报。

法律对于硬性约束企业管理方面的条文几乎没有，这对于我们研究管理是非常不利的。企业也没有硬性采用哪种管理方式的必要，但朝着股东权益方向发展将是主流——将管理效率、企业业绩同管理层薪酬联系起来，并且加强对企业相关管理层的监督与考察。

如果一家企业的管理层只有在高压监管或高额激励的情况下才会以股东利益为先，那么你应该对该企业的内在价值评估打个折扣。因为一旦监管放松或激励力度下降，那么管理层很快会现出原形。

既然知道了有效监管可以限制管理层胡作非为，那么如何有效监管呢？说到监管，董事会之中的董事和监事是监管人员最好的选择。但是如果董事和监事与管理层是一丘之貉，一起当蛀虫侵害其他股东的利益，岂不是更惨？为了防止这种情况的出现，引入外部监管就显得非常必要。

于是，引入独立董事制度成了最流行的管理制度改革。在美国，几乎所有主流的大公司都引入了独立董事制度。有调查显示，在这些大公司中，外部董事人数超过一半的董事会占比将近90%。理论上，独立董事与公司管理层并无瓜葛，他们不是企业员工，与企业也没有任何的合同，所以通常认为引入独立董事能改善企业的管理状况，不仅可以减少营私舞弊、中饱私囊等各种侵蚀股东利益的现象，还能提高公司管理效率，增厚企业的业绩等。

但这也只是理论上而已，并不是建立在严格分析的基础上。事实上，独立董事并没起到理想的作用——独立董事制度并没有大幅提高企业的经济效益。恰恰相反，有研究显示董事会董事的独立程度与企业的收益是一种反向关系。

独立董事制度仅仅强调独立，但并不能提高公司的管理效率。这并不是在否定独立董事制度，包括巴菲特在内的许多投资大师都认为企业的绝大多数董事都应该是独立的外部人士。

独立董事制度的最大问题在于：谁来当这个独立董事？他是否有真才实学？他是否是这个行业的专家？他能给公司带来什么价值？独立董事最需要的是经验丰富、技术精湛的管理专家、行业专家、财务专家，而不是靠玩弄权术上位的"窝里横"，或者虚有其表的"绣花枕头"。与其让名不副实的"砖家"或者操弄权术的"企业政治家"加入，倒不如到会计师事务所找几个资深会计师加入来得靠谱。只强调独立性而忽视董事的能力，实在是本末倒置，一点都不可取。

另一个流行的改革是将企业的CEO和董事会主席的职能加以分割。理由和独立董事制度如出一辙，都是为了相互制衡。CEO有权审查董事会的议案，董事会主席也可以随时监督CEO的工作，以达

第六章 优秀的管理

到互相督促提高企业的经营效率的目的。理想很丰满，现实却很骨感，实践证明这依然是美好的愿望——分割的企业并没有超越没有分割的企业。

这种做法的确赋予 CEO 和董事会主席互相监督的权力，但问题的关键在于你如何保证董事会主席和 CEO 都是诚实可靠的？他们可能互相串通，狼狈为奸，联合起来损人利己。即便他们各自心怀鬼胎，有内耗的企业也将会是股东的灾难，这是你远离这家公司而非追加投资的信号。

对于公司管理的核心——董事会的发展趋势，巴菲特也有自己独到的见解。他曾经在股东信中描述过董事会的三种情况：第一种是最普通的董事会，也就是没有控股股东的公司中的董事会；第二种的董事会就是如巴菲特的伯克希尔·哈萨维的董事会，控股股东既控制了董事会，也参与了公司管理；第三种，控股股东不参与公司管理，控股股东可能在董事会中，也可能不在董事会中，公司管理交给职业经理人。

对于这三种情况，巴菲特认为第三种情况最优。在第一种情况下，独立董事很难应付平庸之辈或讨厌鬼——他们需要争取到董事会的多数票才能赶走管理者，对于董事来说这就是份吃力不讨好的工作（要说服大多数董事会成员），他们既没有意愿，也没有动力这么做，特别是管理层仅仅是平庸或者讨人厌。

所以，独立董事通常都会睁一只眼闭一只眼当个好好先生，而管理层则继续逍遥自在，这也是 CEO 与董事会主席职能分割却没能起到应有效果的原因之一。

在第二种情况下，控股股东绝对不会解雇自己——即便自己的能力平庸甚至更糟糕。如果控股股东非常优秀——就像伯克希尔那样，那么这种情况对全体股东来说可谓皆大欢喜。如果控股股东平庸甚至很糟糕，他可以为了一己之私而损害其他股东的利益，那么其他股东除了用脚投票以外别无他法（当需要用脚投票的时候，说明股东已经受到了损失）。因此，第二种情况也非最优解。

而第三种情况，控股股东不需要自行了断——开除自己，也不需要争取董事会的其他成员。专业的独立董事就能给董事会带来最大的利益——他们只需要将自己的良策说给控股股东听就行了，不需要看管理层的脸色，也不需要考虑董事会其他成员的意见。控股股东是公司的最大所有者，他占上市公司利益的大头。所以，他绝对有动力赶走垃圾的管理层。如果控股股东既睿智又能时刻反省自己的错误，那绝对是企业之福。

另外，董事会积极参与企业的经营管理也是非常重要的管理方式，这种管理方式能有效提高企业的经营业绩。这一点非常容易理解，只拿钱不参与公司日常经营管理的董事会不了解公司的实际情况，因此很容易被管理层蒙蔽，难免就得过且过当个老好人（不得罪公司管理层，反正不影响拿钱），当然也很难提出什么建设性的意见。

董事会的规模大小也是企业管理是否高效的一个关键问题。企业必须保证一定的董事会规模，如果董事会人数过少，规模过小，那意味着企业的决策可能不那么严谨，经不起推敲，策略也没有经过多方仔细研究讨论；董事会人数过多同样会带来麻烦，董事会规模过大，执行决策容易引发扯皮，企业决策难以推进，从而降低董事会的管理效率。

保证在一定规模的情况下，董事会成员贵精不贵多。董事会最重要的职能是能让各种想法和资源高速顺畅地流动，提高管理效率，数个行业内部的精英形成合力明显要比几十个精英一盘散沙互相扯皮效率要高得多（人数越多，意见统一起来越困难）。

再有，单个独立董事兼任董事会的数目也能影响到董事会的效率。人的精力毕竟有限，才能再出众也很难兼顾多家企业。当某个董事在多家甚至十几家企业同时担当董事职务，那就意味着他的效率必定低下，这对企业并不是什么好事。反过来，如果他仅为两三家企业服务，并且这两三家企业都在他的专业范围内，且在业务上有很强的联系，那么他能给这几家企业带来超乎想象的价值。企业最需要的不是董事的声望（当然声望也很重要），而是他的人品、专业素养、个人能力，对企业来说，这些才是最有价值的，也是最迫切需要的。

公司治理得顺风顺水也并不意味着可以一劳永逸，公司的管理层、董事会都会退休。这时，最容易被忽略也是重要的一个问题浮出水面——公司高层接班人问题。公司在长期经营的过程中会形成一定的经营策略和经营目标，但是高层换届可能会改变过去的经营策略，从而给投资人带来不可预测的风险。

有时候，改变可能带来惊喜，但更多带来的是惊吓。无论董事会为此做了怎样的周密计划，也无法确保换届之后的企业还能运行在正确的轨道上。所以判断继任者是否可信也是投资者需要去做的功课之一。

我们可以通过部分蛛丝马迹来判断继任者是否可信。首先，如果新CEO同董事会某些成员关系密切,且CEO本人的履历不怎么令人信服,那么我建议你最好用脚投票;其次,如果继任的董事会无法定期或根本不对管理层进行公正评价,那也是不足以信任的。如果新组建的公司管理层按自己喜好进行投资,无视股东利益,一意孤行,那么你也应该跟他们说拜拜。

总之,换届对公司的影响非常大,安然度过和一蹶不振可能就在毫厘之间。任何一名投资者都不能轻视公司换届。

不同企业的管理风格迥异,这取决于企业的性质和特色。即便是同行业,也会因为各种各样的原因而有所差异,你不必对管理细节锱铢必较,这只会浪费你的时间。你应该在了解这家公司性质的情况下(也就是在你的能力圈范围之内),筛选出对投资最有利的企业管理方式,这对你的成功投资是个非常大的加成。

三、既是选股也是面试:管理者的品行

当我们将财富交给别人代为打理的时候,肯定会对那个人进行考察,诚实守信是最基本的要求。那么为什么我们将钱拿去买股票的时候却从不考虑公司管理者的品行呢?还有我们如何判断管理者的品行呢?就让我们用逆向思维来好好思考一下吧。

怎样的管理层会让人唾弃呢? 答案有很多,诸如造假、玩忽职守、中饱私囊、目中无人、自私自利等。没有人愿意把钱交给骗子去打理,就像巴菲特曾经说过的那样:"从长期来看,那些在会计报表上做小动作,从而让企业看起来超出其内在价值的管理者,通常是能力低劣的

或品行不端的，二者必有其一。"对于选择管理者的标准，巴菲特又用女婿打比方，也就是说当你愿意将女儿嫁给他，那么他就合格了。

说到女婿不免说起家族企业。试着想象一下，假如你有一家庞大的家族企业，你白手起家、辛苦打拼，好不容易才做到现在这样的规模。但是长期打拼耗损了你的身体，而你只有一个独女，但是这位大小姐并不喜欢经营企业，她渴望自由自在地生活，并不愿意和公司的未来绑在一起，最多只愿意扮演一名成功人士背后的贤内助。这时候，你就只能去挑选一名贤婿来帮你一起管理企业。听起来感觉怎么样？是不是和你买股票挑选管理者是一个意思。

1. 挑选管理者

对于绝大多数的投资者来说，不要说参与面试 CEO 了，就算是和公司 CEO 面对面地交谈都是几乎不可能的。但是，你仍然可以通过各种渠道去了解他们，比如说每年定期发布的年报里面就有企业状况、发展方向、公司前景等描述。有些 CEO 还会写一封简短的股东信，通过这些你可以去发现他们的品行，管理者的言行举止都会揭示出他的性格特征。

管理者最重要的是能给企业带来利润，开拓发展提升价值，并且可以平衡好各方利益。当投资者与管理者的利益冲突的时候，管理者如何处理非常关键。一般来说，女婿和老丈人产生纠纷，女婿都会做出一定让步。但是管理者就不一定了，他可能会坑死你这个"老丈人"，就像家族企业掌权的女婿可能会卷走公司的优质资产，另起炉灶一样，对于人性，你要做好最坏的打算。

投资者要么被管理者认为是合伙人，要么就被当作"韭菜"来割（非常遗憾的是，后者居多，特别是我们的大 A 股市场）。而大部分的"韭菜"的金融素养也很一般，他们不会在乎企业的经营管理水平，甚至他们连公司董事会有多少人都不知道。他们只希望成为"镰刀"去收割其他的"韭菜"，可惜的是他们绝大多数都会成为最大"镰刀"的牺牲品——被恶劣的管理者收割。

对企业影响最大的管理者当属 CEO，甚至可以说，挑选管理层从挑选 CEO 开始。毫无疑问，CEO 是一家企业的灵魂，他决定了企业的管理风格。投资者需要对 CEO 进行判定，决定是否要将自己的资产托付于他。对此我们需要考虑几个问题——他过去做过些什么？他有没有给自己过高的薪酬待遇？他是否有过激进的投资决策？企业资产配置是否合理？由于 CEO 是企业管理的核心，所以在确认 CEO 的品行上必须慎之又慎。

如何衡量 CEO 的业绩与品行是一个非常大的挑战。由于 CEO 没有上级，自己又当裁判又当球员的结果当然是"优秀"——不管你认不认同，反正他自己一定认为自己很优秀。因此，衡量 CEO 是否优秀比衡量其他员工要困难得多。而唯一能制衡 CEO 的是公司董事会，但是董事会在评估 CEO 的表现时，一方面碍于情面，另一方面评判标准模糊，这两点会妨碍他们的公正客观性。甚至有些董事会成员和 CEO 是好友，这就更难让他们做出客观的监督和评价了。

董事会的监督是极其重要的。但是知易行难，事实上董事会很难应付平庸之辈。辞退糟糕的 CEO 并非难事，但开除平平无奇的 CEO 却不那么容易——他很少犯错，他努力规避风险，只是保守运营，这样的 CEO 让你很难下手。董事会应该为企业招贤纳士，找到杰出人才帮助企业发展,但大多数的董事会并没有这样做。

当前任优秀的 CEO 离职之后,大多数的董事会都会让原来的二把手接班——即便他没有能力胜任。这意味着董事会并不能正确评估企业的需求,他们只是做个顺水人情罢了,这显然会损害股东的利益。有些董事会甚至还会让原 CEO 自己决定继任者,很显然这些董事会在"甩锅",逃避了他们应尽的责任。

在挑选继任 CEO 方面,并没有证据证明原 CEO 可以比董事会做得更好。恰恰相反,让原 CEO 决定更容易"翻车"——相对董事会可以相互讨论而言,原 CEO 直接拍板更具随意性。所以,我们经常会看到指定继任的 CEO 表现不佳,不久就被开除的情形。

董事会必须承担起客观公正评价 CEO 表现的责任——尽管这非常困难。不仅要考虑 CEO 的决策方针是否见效,还要考虑长期对企业的影响。只注重短期可能会让 CEO 短视,忽视企业的长期发展。这显然会对企业不利,有损股东以及其他关联方的利益。

2. 确定薪酬待遇

另外,确定 CEO 的薪酬待遇也是非常重要的。总体而言,CEO 的薪酬待遇应该与他的业绩表现相匹配——管理水平越高,待遇越丰厚,大多数情况也确实如此。但是实际上很多 CEO 得到的报酬比他们的管理水平高得多。因此,我们也可以通过 CEO 的薪酬水平来管中窥豹,考察评价他的品行。

迫于公众的监督压力,现在 A 股上市公司高管的公开薪酬通常都不会高得过分,但是这并不意味着品行不端的 CEO 不具有掠夺性。他们会通过其他的手段变相提高自己的薪酬待遇,比如宽松的期权行权条件、低价定向增发、年底超高额奖金等。现在的董事会向 CEO 等高管支付的薪酬更多选择股权激励、低价定向增发而非现金，本意是希望加强高管与股东之间的利益联系。但事实往往事与愿违。

CEO 们得到了巨额的报酬——大量用股票支付（股票支付的好处在于公众会忽视实际金额），这些股权激励、低价定向增发的价值远远超出了高管所应得的报酬。因此，股权激励一直是最有争议性的薪酬支付方式之一。

支持者认为股权激励能够加强高管与投资者之间的联系，使高管以所有者的姿态进行管理，能让他们站在投资者的角度考虑问题。而反对者则认为股权激励只是管理层用来掠夺股东利益的工具罢了。很多高管为达成激励条件不择手段，留存大量应派发收益甚至不惜造假也要获得股权，得手之后立刻抛出获利，这种行为严重损害了股东的利益。

对于股权激励，巴菲特曾经做出过如下精彩结论，他说："即使你躺在摇椅上经营企业，你也能得到一样的结果。只需要把利润存入储蓄账户，你就能达成利润增长目标。但这种做法，即便你完成了既定目标，你也听不到什么赞美声。" 如果出现这种情况，毫无疑问，股权激励实际上成了掠夺股东财富的工具。即便行权时会稀释每股收益，但这也说明不了什么问题。

虽然股权激励能鼓励持有者将自己视为企业股东，但他们所面对的风险与股东所面对的并不一致——他们有选择权，处境不佳可以拒绝行权，而股东只能眼睁睁地看着自己的财富缩水。股东不得不为企业的经营错误买单，但股权激励却不会。

这种薪酬支付体系还会拉大高管与普通员工之间的差距，从而导致高管与企业员工之间利益的不协调。这样一来，就会有损公司的发展潜力。因此，即便企业选择使用类似股权激励这样的利益分配方式，也不应该将激励范围限定在管理层，激励对象应该面向公司全体成员，只有这样才能缩小高管与员工之间的利益代差。

3. 投资兼并

除了注意公司高层运用薪酬福利来变相掠夺股东财富之外，我们还应该注意企业的投资兼并策略。冒进的投资兼并只会给企业带来麻烦，为兼并支付的高额成本让企业背负沉重负担，一次错误的投资兼并甚至会让企业走上不归路。

CEO在兼并的过程中采用的激进策略是需要警惕的。在兼并过程中，公司高层的个人利益可能会与股东的利益发生冲突（发生的概率挺高）。兼并之后的全新企业会扩大企业经营业务，提高CEO的个人影响力，增加公司的活动范围，这对于CEO来说，可谓名利双收。为了追求这种效应，CEO很可能会不管不顾、勇往直前、盲目冒进，支付过高的代价。这种"莽夫"型兼并会给股东带来大麻烦。

事实上，大部分兼并行为并不能为企业增加多少价值。甚至大多兼并的最大得益方是被兼并企业的股东——他们将自己的公司卖了个好价钱。而兼并方支付了高额代价之后却没有整合好彼此的优势资源，最后落了个 1+1＜2 甚至 1+1＜1 的下场。风光的是原企业的股东和CEO，吞下苦酒的却是现在企业的股东，实在是得不偿失。

投资兼并最典型的例子莫过于联想花29亿美元从谷歌那里兼并摩托罗拉。2014年10月，联想从谷歌手中购并了摩托罗拉，一切似乎都非常完美。根据 2014 年第三季度的市场份额统计，小米和联想的手机出货量只相差 40 万台，而摩托罗拉单季度出货超过 800 万台，联想加摩托罗拉必然超过小米，从而实现手机市场坐三望二的梦想。然而事与愿违，时至今日联想和摩托罗拉的手机已经变成了另类（others）。

当初收购摩托罗拉的时候，联想是想复制 2004 年收购 IBM 旗下 PC 业务 Thinkpad 的成功。当时，联想的 PC 业务在国内如日中天，然而在国外却毫不起眼。联想是想利用 Thinkpad 的品牌形象与技术领先地位将自己的 PC 业务扩展到全球。

在整合初期，联想保住了 Thinkpad 的团队和客户，处理好供货商和经销商的关系；随后进行重组与改革，加强成本控制，从而让营收和利润实现了双增。2007 年美国金融海啸导致亏损之后，联想改变经营策略，拓展海外低端市场，同时加强 Thinkpad 的高端形象，最终登上了全球 PC 第一的宝座。

但是，此一时彼一时，兼并 Thinkpad 同收购摩托罗拉最本质的区别在于市场情况。 2004 年并购 Thinkpad 时，国内的 PC 市场尚处于起步阶段，尤其是笔记本电脑并不普及，笔记本市场大有可为，是一片蓝海，可谓是挑战与机遇并存。而在 2014 年年底收购摩托罗拉时，手机市场已经逐步迈入红海阶段——一个增量越来越小，更多的是存量更新的市场。

于是，同样的兼并带来了完全不同的结果。Thinkpad 的成功不仅建立于蓝海的市场，其本身的品牌形象也是功不可没，Thinkpad 可以说是中高端商务笔记本的第一品牌。而摩托罗拉却没有这样的品牌价值，摩托罗拉卖身给谷歌的时候已经是王小二过年——一年不如一年了，当初谷歌的并购也仅仅是觊觎摩托罗拉的专利罢了，在谷歌正发愁怎么处理 moto 手机业务的时候，联想正好过来接过了这个烫手山芋。正巧，那时手机市场也逐步走向红海，联想的这次兼并可以说是败局已定。

最终的结果大家也都已经看到了，根据联想发布的 2021 财年上半年财报显示，联想的移动业务收入为 26.12 亿美元，同比下降 13.3%，税前亏损达 7200 万美元。从收购摩托罗拉开始，联想的移动业务就在不断地做减法，亏损是主旋律，不断地亏！亏！亏！让这笔收购交易显得那么刺眼。

所以，当你投资的企业准备并购的时候，你应该仔细分析一下收购标的的素质——品牌形象、市场情况、业务水平、收购时机等。 如果情况不妙，就应该及时三十六计走为上计。要知道学会止盈止损也是投资的一门功课。

4. 利润分配

最能考察管理层整体水平的项目就属上市公司的利润分配了。总的来说，对于一家业绩长期稳健、经营现金流充沛、利润节节高的上市企业来说，可以通过四种方式来进行利润分配，即将多余的资金再投资（可以投资于现有业务，也可以拓展其他业务）、回购股份、现金分红和兼并其他企业。

首先来说说大家耳熟能详的现金分红。一般来说，上市公司进行现金分红的金额都是没有限制的，上市公司甚至可以派发超过当期收益的红利。但是，大多数 A 股上市公司对于现金分红都非常抵触（A

股的"铁公鸡"可是出了名的,上市以来从不分红的上市公司绝不在少数),即便分红也很不稳定,时高时低。相比起分红,他们更喜欢送股(所谓送股,其实是文字游戏,送股就是拆股,也就是一杯牛奶加一杯水变成两杯牛奶)。

因此,A股实际的分红比例远远低于国际同类市场的平均水平。有数据统计显示,30年来,A股累计分红刚刚超过10万亿元,只相当于目前A股总市值的12.6%。在大A市场,稳定的现金分红牛股屈指可数,这也是A股投机猖獗的重要原因之一——既然持有分红几乎没有收益,甚至远不及银行存款的利息,那么赌博赚差价自然成了首选。

对于现金分红,巴菲特也有自己独到的看法,他的观点非常简单——企业要么把所有的盈利都以分红的形式派发给股东,要么就留存在企业内部进行再投资。如果留存收益的增长率超过股息的利息,那么企业应该将每1元盈利都留存在公司内部,通过投资取得较高的投资收益率,从而继续增加企业的内在价值,增加股东的利益;反之,则应当全部进行现金分红。

也就是说,只有在企业利用留存收益创造出的投资收益率大于普遍的无风险收益率时,董事会选择将企业的盈利留存下来才是正确的。如果一家上市企业将留存收益进行再投资能获取丰厚利润,那么企业就完全不应该考虑现金分红。这个时候,董事会一定要忽视所谓"不分红就会让投资者心寒",以及"不分红的企业不具有投资价值"这样的言论,以免陷入分红误区,成为一家为了分红而分红的企业,为了分红而分红只会损害企业的发展和股东的利益。

对于市值被低估的公司来说，在进行利润分配的时候与其分红，不如回购。尤其是股价被严重低估，甚至只有企业内在价值一半的时候，企业每付出1元钱就能得到2元钱的价值。你很难找到比这更好的买卖，况且回购注销能降低股本提高每股收益、净资产等指标，这将增加每股的价值。

当出现这种情况时，公司回购通常能带动投资者一同买入股票，从而实现价值回归。但是也有企业的管理层会利用这一点来误导公众，让投资者误以为公司的股价处于低估区间，从而疯狂抢购，将股价抬高到一个不可思议的高度，再进一步从中牟取暴利。所以，企业发出的回购信息并不是无脑投资的信号，依然要通过企业的基本面来进行综合判定。

很多时候，回购的作用与发行相似，是为了满足股票期权到期的行权需求。 当股价上升时，已发行的股票期权的价值也同步上升。如果一家上市公司同时进行股票增发与回购，那么你应该对此保持警惕，谨慎仔细地判断企业管理层究竟在想什么，其真实意图到底是什么。

从上述分析可以看出，股票回购能提升股价，从而使期权更有价值。而期权的持有人通常都是公司管理层，股票回购更符合管理层而非股东的利益，他们更有动机进行回购，即便回购并不是企业最佳的利润分配方式。期权的存在使得管理层有极大动力进行回购，他们甚至会借钱来回购，通过回购抬高股价，从而提升自己手中期权的价值。

这种做法隐藏着巨大的风险——当一家企业的净资产不足，再进一步借钱回购，资产负债表会进一步恶化，使得企业防风险的能力下降，严重的甚至会将企业推向破产的深渊。这将严重损害除期权持有人以外所有相关方的利益。

回购虽然有着这样或那样的副作用，但总体而言还算是一种不错的利润分配方式。 与此相对的是送（拆）股，一般来说送（拆）股的做法不仅毫无意义，而且对投资者有害。进行送（拆）股之后，通常会提高股票周转率、吸引短线投机者以及使股价偏离企业的内在价值。这些影响对于投资者来说有百害而无一益——提高周转率会增加股票交易成本；吸引短线投机者会使市场对股价做出过度反应；最后，公司股价会大幅偏离内在价值——股价会剧烈波动，短期亢奋时冲高，退潮时一地鸡毛。

正如之前所说的，**送（拆）股其实只是一杯牛奶加一杯水变成两杯牛奶的魔术，并不能给股东带来任何实际好处**（企业没有进行任何利润分配，短期投机者或许能在冲高时跑路捞上一票，但更多会在退潮时高位站岗），唯一的好处就是扩大企业股东范围，这能使外部投资者的投资门槛降低，但对现有股东来说没什么实际意义。

5. 监督检查

企业的会计数据是非常有价值的，但前提是企业出具的财报是真实可靠的，只有真实可靠的数据才有价值，否则只能起到反作用。但是企业造假的动力十足，如何保证企业的会计数据真实可靠是一个让所有人都挠头的大问题。尽管会计准则对各种项目处理有所规定，但企业出具财务报告时，仍然有一定的自由选择权，他们可以对财报进行各种"优化"，通过这些"优化"来达成自己的目的。

第六章　优秀的管理

在现有的制度下，企业的内部控制和审计机构的外部审计是防范企业造假的"防火墙"。但很明显，在A股市场中，这道"防火墙"属于防君子不防小人，A股的造假屡禁不止（虽然造假的小人少了不少）。而企业的董事会是保障"防火墙"发挥作用的基石。

理论上，企业内部控制系统由公司管理层和董事会共同发挥作用，但出事的往往都是公司管理层，你不能指望骗子来监管自己，所以，监督重任一般还是落在董事会的肩上。董事会必须担负起监督管理决策的责任，不仅要设计好内部的监督控制系统，还要对系统的运作给予支持。

外部审计是由独立的审计机构对企业财报进行审计，按照审计要求证明企业内部控制系统运行正常，从而证明企业财务报表的真实性。审计要求企业的财报真实可靠，并对财报的账目记录、定期数据汇总进行评价审查，最后给出自己的审计意见。

审计是评估企业财报可信度的工作，用来监督企业董事会是否承担起监督领导责任的机制。为了确保审计的公正权威，在审计的过程中，审计师需要与企业董事会合作，双方都要以一种认真负责、独立客观的态度来进行审计工作。

即便如此，审计工作并不会一帆风顺，审计时会面临各种问题——企业财报是企业事先准备好的，即便审计机构是外部的独立机构，审计也只是审计机构对财报的评价而已。

这种评价只是对某段时期内企业出具报告的综合评价，并不能保证这段时期内大大小小的所有交易统统真实可信，这既不切实际，也不可能；无论审计师还是审计机构，都不一定能及时发现财务造假，他们不可能对企业的每一笔交易都进行独立审查；审计人员自身必须独立客观，并且值得信任，但在行贿造假、丑闻不断的 A 股市场上，做到这一点非常困难。

如果审计工作被造假分子扭曲，那么审计非但不能提高企业的真实性，反而还会辜负社会公众的信任，最终削弱控制系统的可靠程度。所以审计机构的独立性一直都是个热门话题。只有保证审计机构与被审计的企业之间不会发生冲突或利益纠葛，审计机构所出具的审计报告才更客观、公正、真实可信。

只有当企业财务报表经过层层审查，通过考验保证自己的财报基本可靠的时候，这些财务数据才值得我们进行深入研究分析。一直坚持严格监管、诚实守信的董事会是值得称赞的；反之，应当给予严惩。这种惩处应当在外部审计机构发出警告之前，当审计机构出具保留意见的审计报告书时，即便企业股东发现上当受骗也来不及了，除了不得不承担财务欺诈的巨额损失之外，也只能通过集体诉讼来稍微弥补一下损失。

从以上描述中，可以看到外部审计机构和企业内部董事会在监督检查的工作中各自发挥着不可替代的重要作用。但对于投资者来说最应该关注的还是公司管理层的品行。

当领导企业的 CEO 是个骗子的时候，企业的财务数据会有相当大的浮动空间，可以按照 CEO 的意愿随意捏造。当纸包不住火，最终真相浮出水面时，往往已经太迟了，公司早已被掏空，投资者损失惨重。

因此，躲开这些垃圾比挑选出最优秀的董事会要重要得多。 接下来，让我们来看看最优秀的 CEO 是如何开展工作的。

四、挑选出谁是真正优秀的 CEO：知名企业管理者的行为举止

理论上来说，如何挑选 CEO 必须进行大量勤奋的实地调查——拜访企业客户、参加企业召开的董事会、同企业的供货商和员工聊天，通过他们对 CEO 的看法来了解企业管理者，甚至可以进一步直接同 CEO 进行面对面的交流。

然而，这些调查方法对一般投资者来说非常不切合实际，绝大多数的投资者既没有时间也没有能力去做到这一点。因此，对于一般投资者来说，只能通过其他渠道来了解管理者——比如说路演，还可以通过电子邮件向公司提出意见和建议，并且从公司的回复来判断管理者的品行等。

通过读年报也是一个了解管理者的好方法，年报里面通常都会有 CEO 本人的述职报告。 有些 CEO 还会给投资者写公开信，财经媒体也会采访 CEO 写一些相关报道（尽管这些公关型的文件和报道都具有一定的格式，充满了溜须拍马，但我们依然能从中搜寻出一些蛛丝马迹）。通过这些渠道我们就能从旁观者的角度对 CEO 描绘出个大体的"画像"。

接下来就让我们来看看那些成名已久的顶级上市公司 CEO 的行为举止吧。

1. 伯克希尔·哈撒韦

说起顶级的 CEO，绝大部分人的脑子里都会出现比尔·盖茨、杰克·韦尔奇、丰田章男、任正非之类的实业家。几乎每个人都知道

沃伦·巴菲特是"股神"，但并不是所有人都知道他除了"股神"之外还是一个相当成功的以所有者为导向的 CEO。

巴菲特在企业管理上也取得了非凡的成就。**巴菲特的股东信是每个价值投资者的宝典，信中不仅记录了他的投资思想，还开诚布公地报告了他的成功与失败。这不正是一个成功 CEO 必须具备的良好品格吗？**

巴菲特以身作则的行为为广大投资者提供了榜样，越来越多的投资者通过研究 CEO 的公开信来了解 CEO 的行为举止。下面我们就来看一看巴菲特作为伯克希尔·哈撒韦公司 CEO 时的表现吧。

你知道伯克希尔·哈撒韦的主营业务是什么吗？如果你认为巴菲特被尊称为"股神"，所以他的公司主营业务就是投资，那就大错特错了。伯克希尔·哈撒韦的主营业务是保险，最早来自奥马哈市当地的两家公司——国民赔偿公司和国民火灾海上保险公司。随后，通过收购大名鼎鼎的 GEICO 进入汽车保险市场，从而一步一步迈向卓越。

1965 年伯克希尔·哈撒韦还是一家名不见经传的纺织厂，在 1985 年 6 月，巴菲特终结了伯克希尔·哈撒韦公司具有百年历史的纺织业务，**在这段并不算太成功的纺织业务运营中巴菲特学到了最宝贵的经验——企业的主营业务在经营环境发生根本改变的时候，很少能继续高效率地维持下去。**

巴菲特利用纺织厂早期运营产生的现金流开始了传奇的保险业务。保险业务可能是个好投资，也可能会亏得一无所有。但对于巴菲特来说，没有什么比保险业务更适合他——保险浮存金（见本章末注

第六章 优秀的管理

1）能提供大量可投资的现金流，而巴菲特是这个世界上运用现金最厉害的投资大师之一（判断优秀 CEO 的准则之一就是知道自己最擅长的领域）。

巴菲特曾这样形容保险浮存金："保险公司现在收取保费并且在将来理赔，这种现在收费将来才可能理赔的模式让我们能持有一大笔现金——我一直管他叫'浮存金'，'浮存金'比免费的现金还要棒！"

保险浮存金能提供充足且成本低廉的杠杆资金。伯克希尔·哈撒韦公司的保险业务主要是车险和再保险，该公司 2021 年的财报显示，这些保险业务为公司提供了 1470 多亿美元的保险浮存金，比起 2020 年同期增加了 90 亿美元。

尽管这些资金名义上不属于伯克希尔·哈撒韦公司，但仍然可以被公司配置，不论是债券票据还是股票，甚至是指数期货，公司都可以去投资。尽管保险公司的现金流每天都会有所变化，但持有现金的总量变化很小。伯克希尔·哈撒韦公司持有的浮存金逐年上涨，而这些浮存金的持有成本近乎 0（虽然每年都有理赔，但同样每年会有更多的保险浮存金流入公司，而保险浮存金的利息是归保险公司所有的）。

伯克希尔·哈撒韦公司的崛起还有以下几点原因。

（1）通过增加的资金进行并购，并且扩大大型再保险业务规模。GEICO 和 General Re 公司都是收购而来的，这些实力强劲的保险公司迅速提升了伯克希尔·哈撒韦公司的实力，其业务规模迅速冲进世界前 20 名，并以雄厚的现金流承保其他再保险公司难以应对的大额保单业务。

（2）严格控制成本。巴菲特是投资大师，而保险浮存金不仅资金成本极低（伯克希尔过去的保险浮存金成本大约为 -2.1%，也就是说，不仅不用付出额外成本，而且还能赚利息），而且现金流极大，可谓是为"股神"量身定做的业务。再加上伯克希尔·哈撒韦公司专注大额财产险和意外险，投保这些险种的客户对保费不敏感，从而能实施极致成本控制。

（3）极其保守的财务杠杆和充足的现金预防风险。伯克希尔·哈撒韦公司的杠杆率远低于同行业的其他公司，其保险浮存金的规模就有1470多亿美元，流动性充裕就意味着不需要抛售优质资产来应对突发事件。

（4）投资优质资产。巴菲特坚守"价值投资"的投资理念，选择自己熟悉的金融、消费、公用事业等传统行业的龙头企业（最近科技企业也进入了他的能力圈范围）。"股神"看重企业的"护城河"和管理层的品行，选择经营和成本控制上有独到优势的企业，这使得他能充分利用保险业务带来的现金流，使得投资与保险业务形成互补，形成良性循环。

（5）注重风险管理。伯克希尔·哈撒韦公司严守安全边际原则，在市场低迷的时候逐步建仓大举买入，有效摊薄成本，通过投资优先股降低投资风险。尽管"股神"偶有失手，但极少伤筋动骨而元气大伤。

（6）注重企业形象和声誉。巴菲特从来不热衷于恶意收购、资产重组和公司改制，减少了其他企业对伯克希尔·哈撒韦公司资金的顾虑。伯克希尔·哈撒韦公司在收购企业之后，让这些成功企业维持现状,这大大降低了收购阻力,促进了企业的稳定以及夯实了企业发展的基础。

总之,伯克希尔·哈撒韦公司的成功既有时代的红利,也和巴菲特出众的个人能力和人格魅力密切相关。正是巴菲特选择的最适合伯克希尔·哈撒韦公司的成功商业模式("保险+投资"模式)成就了伯克希尔·哈撒韦公司的辉煌。

2. 可口可乐

沃伦·巴菲特是可口可乐最著名的投资者,他从1988年年底到1989年年初建仓可口可乐,在之后很长的一段时间里,可口可乐都是巴菲特最重要的投资之一。

截至2021年第四季度,伯克希尔·哈撒韦公司依然持有约4亿股可口可乐的股票,占投资组合比例达7.16%。那么20世纪80年代末可口可乐的掌舵人罗伯托·戈伊苏埃塔是如何得到"股神"的青睐的呢?让我们来一探究竟吧。

毕业于耶鲁大学的罗伯托·戈伊苏埃塔长期在可口可乐担任化学工程师的职务,因其非凡的才华和卓越的管理能力,于1981年被委以重任——担任公司的CEO。

在他之前,糟糕的前任——奥斯汀一天到晚都在瞎折腾。1971年出任董事长的他让可口可乐在整个70年代陷入苦苦挣扎的困境之中。他没有继续将留存收益投资在熟悉的软饮料行业,反而是进入了其他不熟悉的领域——投资水利项目、办养虾场,甚至收购了一家酒厂。即便股东竭力反对,认为可口可乐不应该同酒精联系起来,他依然我行我素,甚至变本加厉地为酒厂大打广告。

在 1974 年熊市末期到 1980 年，他交出了一份可谓糟糕的成绩单：6 年年均增长率为 5.6%，留存的每 1 美元仅仅创造了 1.02 美元市值，大幅跑输标准普尔 500 指数。忍无可忍的股东们终于选择将他扫地出门，让戈伊苏埃塔取而代之。

从 1981 年戈伊苏埃塔出任可口可乐 CEO 到 1997 年秋因肺癌离世，可口可乐公司的市值从 43 亿美元暴增至 1470 亿美元。拥有古巴血统的戈伊苏埃塔为股东们创造了惊人的财富。

1981 年，新官上任的戈伊苏埃塔召集了可口可乐的 50 名高管开会，在会议上他说道："大家说说哪里出了问题，我想了解全部问题。但当问题被解决了之后，我希望你们能 100% 地忠于公司。如果你们之中还有谁不满意，公司将给予妥善的安排，然后大家好聚好散。"

之后，他就启动了可口可乐最知名的"80 年代策略"，明确了可口可乐公司的发展目标——**可口可乐所有业务都必须优化资产回报率**。他提出了股东利益第一，扭转了原来只注重营收不注重投资回报率的经营风格。

接着，他就雷厉风行地行动了起来——1982 年成功创新，向市场推出健怡可乐；1983 年迅速脱手了不赚钱的可口可乐酒业；1987 年一手促成了灌装厂的整合上市等。在最初的 7 年任期里，他成功地将公司的净资产收益率提升到了 20%，可口可乐留存的每 1 美元产生了 4.66 美元的市值。到了 1988 年，可口可乐再接再厉取得了 31% 净资产收益率的惊人成绩。

可口可乐在 20 世纪 80—90 年代飞黄腾达有以下几点原因。

（1）提高利润率和净资产收益率，增加分红的同时降低分红比

第六章 优秀的管理

例。20世纪80年代的可口可乐对呆滞的市场毫无兴趣，公司提出必须具备足够的成长潜力才会投资新项目。鉴于公司的投资回报率极高（1980—1987年可口可乐的市值以年复合19.3%的速度增长），为了保证公司业务健康，戈伊苏埃塔果断降低分红率——每年分红额提高10%，但分红率降低到了40%。这使得可口可乐能将留存收益再投资，扩大再生产保证公司成长，使得股东利益最大化。

（2）严格控制成本，优化资产回报率的同时控制好债务规模。每瓶可乐的成本极低，而且可口可乐并不是资本密集型企业，不需要定期进行大笔投资就能保证公司正常运营。可乐生产起来并不困难，也不需要大量人力，再加上保密配方的神秘感就能吸引顾客。而养虾场和投资水利项目却不是这样。

（3）专注于高毛利率的软饮料生意。20世纪70年代，可口可乐前CEO奥斯汀进行多元化投资的效果并不好，6年年均增长率低于标普500指数，而戈伊苏埃塔成功扭转了这一局面。他专注于自己最熟悉的软饮料业务，这也是可口可乐的拳头业务。软饮料成本低、增产简单、毛利率很高，只要加大宣传力度，增加产能，扩大销量，就能取得很好的效果。

（4）在公司内在价值高于股票市价的时候回购股票。1984年，戈伊苏埃塔宣布在公开市场回购600万股公司普通股，这时可口可乐的内在价值明显高于股票市价，选择这个时候回购公司股票才是最明智、最理性的，也是对股东最有利的。这种由可口可乐首创的股票回购机制能最大限度地提高公司的净资产收益率，使资本利用效率最大化。可口可乐也在不久之后迈向了巅峰。

（5）同合作商一同分享利益。可口可乐的生产成本低，出厂价也不高，零售时可以大幅度加价。于是，可口可乐的产品就具备了同合作商共赢的特点，这能让合作商将可口可乐和富有联系起来，增加了合作商的动力。这使得他们非常乐于推广可口可乐，并且为可口可乐的成功添砖加瓦。

（6）产品无处不在且非常亲民。你可以在很多地方买到可口可乐，无论是小型的快餐店、便利店，还是大型的购物中心、车站，到处都有可口可乐，你可以随时取用。可乐的价格很低廉，任何人都可以轻松拥有一瓶可乐，可乐也是经济萧条时期为数不多的廉价消费品之一。

（7）利用名人效应扩大产品影响力。可口可乐聘请一系列名人做广告（吸引到沃伦·巴菲特投资绝对是最成功的广告之一）。很多名人不仅为可口可乐代言，同时也是可口可乐最忠实的消费者，他们相信喝可乐能使他们更快乐。但可口可乐也不过分依赖名人，为防止名人效应喧宾夺主，可口可乐通过小品广告的形式加强自己产品的主导地位，将可口可乐和快乐联系到一起。这是可口可乐的宣传重点，这种宣传手法使得产品的形象非常正面健康。

（8）注重企业形象。长年以来，可口可乐很规矩，遵纪守法，虽然企业高管或销售代理也有行贿、吃回扣、索要好处费等嫌疑，但总体来说可口可乐没有什么特大丑闻，非常注重自己的声誉和形象，不会容忍公司职员严重的违法行为。

总之，可口可乐在戈伊苏埃塔接手之后，成功进入了一个新境界，成为全球最成功的饮料公司之一。他选择了在自己最熟悉且获利

第六章 优秀的管理

最多的领域发力，专注于为股东服务，努力提高公司的效率，最终成功奠定了可口可乐饮料界一哥的地位。

3. 亚马逊

说到亚马逊，难免又要提"股神"。巴菲特在 2018 年伯克希尔·哈撒韦公司的股东大会上坦陈自己错过了一些高科技公司的投资，比如亚马逊和谷歌的母公司 Alphabet。**他说："我从一开始就关注亚马逊，我认为亚马逊首席执行官贝索斯所做的是近乎奇迹的事情，但问题是如果我认为某件事将会是一个奇迹，我往往就不会下注。"**

虽然巴菲特对此感到有些遗憾，但他并没有后悔，他还进一步表示自己将来还会错过很多投资。那么就让我们来看看让"股神"错过的亚马逊到底有什么过人之处吧。

1994 年 7 月 5 日，贝索斯的亚马逊正式成立。 在研究了众多商品之后，最终贝索斯选择了卖书。选择书的理由很简单：①书籍易于包装且难以损坏；②当时的美国虽然是出版大国，但图书行业却没有一个真正的巨无霸，最大书店的销售份额也仅占图书市场的 12%。

于是，大家耳熟能详的在线书店亚马逊就正式上线了。

贝索斯的另一个特点就是敢想敢做，不怕亏且敢于冒险。 很快亚马逊就从一家在线书店发展成了一家在线超级购物广场。到了 2000 年 9 月，贝索斯甚至创建了航天公司 Blue Origin，2015 年这家公司居然成为全球首家成功发射和回收火箭的航天公司，简直让人难以置信。

亚马逊最出名的产品当属 Kindle 和 AWS。**Kindle 是全球最成功的电纸书品牌之一，Kindle 的硬件并不赚钱，Kindle 的价值是提升用户的黏性，通过亲民的硬件价格来带动电子书的销售。**

而 2006 年亚马逊推出的云计算服务 AWS 恐怕就不那么为人所熟知了，经过十多年的成长，AWS 的市场占有率高达 30% 以上，是全球排名第一的云计算服务。能压制微软、谷歌、IBM 等一众行业巨头，足以证明 AWS 的竞争力有多强。

从连年亏损备受质疑到世界首富，亚马逊的成功离不开贝索斯先进的经营管理理念，总结下来有以下几条。

（1）满足客户的需求，痴迷用户体验。亚马逊通过为客户提供满意的体验来推广产品。在互联网时代，客户的体验口碑能以闪电般的速度传播，满足客户的需求就能让客户为自己做免费的推广，所以亚马逊保持长期增长的关键就是一切以客户为中心。

亚马逊还不断了解它的客户，通过客户的行为数据分析来识别客户的产品偏好和购买行为。基于这些数据，向客户推荐他们所需要的产品，为客户提供独具个性化的购物体验。

（2）激励客户的忠诚度计划。亚马逊在 2005 年推出了 Prime 服务，这其实就是亚马逊的付费会员服务（灵感来自欧洲的俱乐部制度，其在 20 世纪 80 年代风靡欧美，是一种非常成熟的商业促销形式），通过开通 Prime 会员能获得两次免费送货、各种专属优惠等特权。

2015 年亚马逊更是上线了 Prime Day（会员日），在会员日只有亚马逊 Prime 会员才能享受深度折扣和独家优惠。像 Prime 这样的付费的会员计划已经被全球各地许多同行争相模仿，这也从侧面证明了亚马逊的 Prime 计划的成功。

（3）节俭的企业文化。由于没有实体店，亚马逊在同实体店的竞争中占尽先机。亚马逊凭借价格优势与一流的服务夺得了大量的美国网络零售额。亚马逊还提供了 Price Check 比价服务，只要使用 Price Check App 进行比价，就能享受该产品 5% 的折扣（最高不超过 5 美元）。

节俭在亚马逊内部随处可见。为此，公司特意设立了"门桌奖（见本章末注 2）"。贝索斯更是以身作则。在 2009 年的股东大会上，贝索斯表示亚马逊已经拆下了餐厅所有自动售货机的灯泡，他认为自动售货机的灯泡只是为了使广告更醒目，而拆了以后能为企业节约数万美元的成本。正是这极致节俭的企业文化帮助亚马逊在残酷的竞争中最终脱颖而出。

（4）区分高低影响的决策机制。亚马逊将所有的决策区分成两种：第一种是关键决策（高影响），影响公司整体战略；第二种是风险相对较低的决策（低影响）。亚马逊让高层把精力集中在第一种决策上，而将第二种决策的决定权交给基层团队或个人。这种决策机制非常简单但是极其高效，它不仅有效减少了公司在低收益的决策上所耗费的资源，可以将高层的精力全部投入到关键决策上，而且提高了第二种决策的效率和反应速度。

（5）核心业务互补互动，产生飞轮效应。亚马逊有三大核心业务，分别是 Prime（会员服务，也是飞轮的核心引擎）、Marketplace 和 AWS。公司的各个业务模块能相互推动进行互补，就像咬合的齿轮那样，一旦转动起来，就会变得越来越快，越来越好，最终达成"多、快、好、省"的优势经营战略目标。

（6）对抗熵增定律——流动和开放。熵增定律说的是在封闭的系统内，事物总是从有序趋向无序，所以熵增值必定是增加的。明白熵增的意思也就知道了对抗熵增的关键——流动和开放。亚马逊的对抗策略就是增加可选择权，不断进入新的领域，即使是看起来会和公司目前主营业务冲突的领域（这一点会造成更多的不确定性，也是让巴菲特最终放弃投资亚马逊的原因之一）。通过引入新鲜血液来建立一个与外界不断交流、流动开放的系统。

亚马逊的经营策略是很激进的，它的成功可谓是一个奇迹——一家连年亏损并且不断进入新领域的公司最终获得巨大的成功。 从价值投资者的角度来讲，它的不确定性以及较低的成功概率都是需要回避的，但是成功的回报又是如此的丰厚，让人难以抗拒。具体如何操作，这就需要投资者做出理性的取舍了。

【注1】保险浮存金：客户向保险公司缴纳的保费，这笔资金不属于保险公司的资产，但是会体现在报表中，属于保险公司的债务，当保险客户出险时，要拿出来付给客户进行理赔。客户缴纳保费后，保险公司在留有一定比例的近期理赔和支付金额后，其余的浮存金可以拿去投资赚取收益。

【注2】门桌奖：1994年贝索斯刚刚创办亚马逊的时候，将一扇门临时改造成办公桌，"门桌奖"就是由此而来。该奖项用来奖励那些通过创新为公司节约成本、压低产品售价、提高公司竞争力的员工。

第七章
行为金融——投资心理分析

一、乌合之众：市场上从来都不缺少旅鼠

人们通常会有这样一个习惯——他们会自动按照他们所观察到的周围人的思考方式和行为方式去思考和行动。就像毛主席曾经说的"群众的眼睛是雪亮的"，绝大部分人都非常认可"跟着大部队走总不会错"这句话。

在很多情况下，这样做的确能够简化思考并提高效率。比如，在比赛现场观看竞技体育的时候，跟着大家一起起哄，为主队加油助威，这能给客队带来巨大的心理压力，从而给主队带来优势。正是由于这些好处，我们的祖先就给我们留下了从众这样的心理倾向，大家都会察言观色随大流，特立独行反而会被视为异类，被大多数人排挤。

羊群效应就是形容从众心理的，这种心理现象还会带来非常可笑的行为举止，例如：日本地震①引发海啸，最终造成核电厂泄漏之后的抢盐；新冠疫情肆虐时轻信各种谣言，有人甚至对自己的房子喷洒酒精，最终酿成火灾的惨剧；油价稍微上调一点，加油站就大排长龙。商家则利用这一点，人为制造一些节日营造购物狂欢的气氛。利用从众心理的营销套路更是层出不穷，比如找托刷单造成销售火爆的假象等。

心理学家也非常喜欢研究这种现象，从做过的心理实验中得出了很多荒唐可笑的结果，其中最著名的要数阿希从众心理实验了。实验内容是让参与者比较左图的竖条和右图中哪一根是一样长的，如图 7-1 所示。

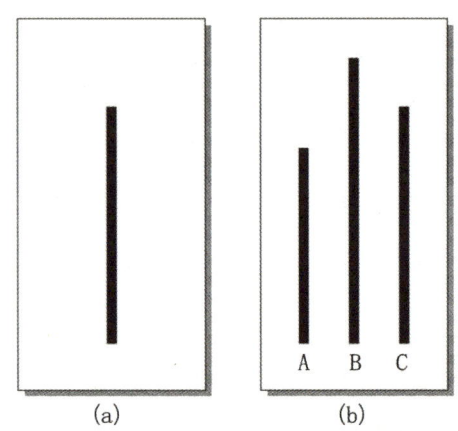

图 7-1　阿希从众心理实验

---

① 2011 年 3 月 11 日，日本东北太平洋地区发生里氏 9.0 级地震，继而发生海啸。该地震导致福岛第一核电站、福岛第二核电站出现泄漏事故，之后导致民众跟风抢盐。

实验分两步进行。

第一步，在小组整体回答问题之前，让每个参与者先独自回答，当他们独自回答问题时，他们的错误率低于1%。

第二步，实验以小组为单位回答问题。每组有7～9人，其中只有1人是参与实验的志愿者，其余都是实验室研究员。毫无疑问，研究员是过来"挖坑"的。给出题目之后，前5个回答者都是研究员，他们故意回答错误，选择A。然后轮到志愿者了，志愿者开始纠结，他们一脸疑惑，难道真的是A？总之，在群体压力下，参与者的选择从正确答案变成了是否从众。

更过分的是，当某个志愿者给出正确答案之后，所有的研究员都立刻从不同角度扭头看着他，向他施加压力。于是，在下一轮的问答中，参与者不假思索地给出了与其他人一样的答案，而不是正确答案。

实验结果当然是惨不忍睹，只有25%的志愿者坚持了下来，他们回答了正确的答案。大部分人只能坚持两轮就放弃了。75%的人至少错了一次，37%的人从头错到底。即便是那正确的25%，回答速度也大受影响，并且所有人在回答的过程中都倍感压力。

在人们感到困惑或压力的时候，最容易激发出从众心理，人们会因为犹豫不决而感到不安，所以就匆匆跟随大流做出了许多错误的决定。

有子女的家长们应该对从众的现象理解得更为深刻。有研究表明，青少年更容易因从众而出现认知错误。年轻人更尊从他们的同龄人，而不是自己的长辈或者老师。所以教育自己的子女，与其逼他们低头认错，不如把关他们的人际交往。前者事倍功半，容易引起子女反感，从而产生对抗叛逆心理，后者才是更明智的做法，可以让你事半功倍。

就像古斯塔夫·勒庞在他的著作《乌合之众》中写的那样："普通人一旦被裹挟进入群体，就会变成不用大脑，仅凭脊椎思维，狂热易变、容易轻信的动物。他们很容易做出刽子手的举动，同样也很容易慷慨就义，既会随意烧杀抢掠，却也同样会表现得极其无私。在某种崇高的目标激励下，他们丝毫感觉不到自己在作恶。" 当你拒绝和大众同流合污的时候，你往往会被视作异端，被人们排挤甚至威胁到生命。

巴菲特先生也经常拿旅鼠（见本部分末注）作比喻，讽刺证券机构、散户就像旅鼠那样，当财富效应放大时，马上一传十，十传百，不断有人加入市场，从而推高股价，最终形成泡沫。一旦股市下跌，大家就一起恐慌出逃，最终形成谁都逃不掉的踩踏效应，造成市场崩溃甚至股灾。**巴菲特先生给出的特效药也很简单，那就是不要相信市场，要相信自己的独立思考。**

有道是说起来容易做起来难，为了防止成为"旅鼠"，就让我们来研究一下，为什么在投资市场上特别容易出现旅鼠行为呢？

首先，得到信息的相似性容易让人出现旅鼠行为。

这一点在机构投资者的身上表现特别明显，机构投资者的信息渠道来源类似，他们通常在相似的信息渠道上关注同样的新闻；采用一样的投资模型来预测宏观经济市场走向；采用的是同样的信息技术方案，甚至信息技术方案的提供方都是同一家公司；在大学学习同一个专业，甚至老师都是同一个，于是，投资组合以及风险管理策略也是如出一辙；更进一步的是，机构之间还会相互交流观点，这使得不同机构之间的投资策略更为接近。

在这种相似的条件下，机构投资者对市场的反应也会趋于一致，这就构成了投资机构的旅鼠行为。

其次，信息的不完全性也会产生旅鼠效应。

信息可以帮助投资者进行预判，信息越充分、越及时和越有效，投资者成功的概率就越高。但是，现实的市场并不是一个信息自由流通的市场，获得信息需要付出成本。投资者之间获取信息的能力有非常大的差距。一般来说，机构投资者获取信息的能力要远远强于大部分的普通投资者。普通投资者为了获得信息优势，只能四处打探"内幕"和"小道消息"，或者通过观察身边所谓投资高手的操作来进行推断。这些行为都非常容易引发旅鼠效应。

最后，名人的权威效应也会导致旅鼠行为的发生。

在A股市场有大量的概念股，其中最具有代表性的名人权威效应莫过于"巴菲特概念股"，中国石油、比亚迪等巴菲特投资过的公司在A股都曾大受追捧，人们疯狂地买入而完全不顾企业基本面和股价（即便巴菲特买的是H股，而且投资成本极低，甚至远远低于A股的发行价），这是非常明显的名人权威效应导致的旅鼠行为。

众所周知，人是群居动物，特别是生活在现代社会的现代人，无时无刻不在群体中生活。即便独自在家，也有网络陪伴，通过网络我们可以在家知万事，时时刻刻都能了解到流行趋势和社会发展情况。但是，网络在提供便利的同时也会让你失去独立性，透过网络你会在不知不觉中不断迷失在群体的海洋中。

群体的行为会对个体产生压力，让你不自觉地同大部队步调一致。这会让你更容易妥协，更容易随大流，这种现象也一部分解释了为什么"市场先生"会时而变身"超级赛亚人"拯救地球，时而又化身佛系青年，就地"躺平"。

不管是看空还是看多，当集体意见一致的时候往往才是最危险的时候——这往往意味着做多、空动能的枯竭。只有独具慧眼的人才会察觉到高处不胜寒的危险，也只有卓尔不群的人才会在黑暗之中看到星星点点的希望之火。

相信自己的独立判断是一件说起来容易做起来难的事情，你必须训练自己，让自己做到这一点。当你能很好驾驭你自己的情绪，不被大众的行为所扰，那毫无疑问，你离成为成功的投资者又近了一步。

【注】旅鼠：属于啮齿目仓鼠科，共有环颈旅鼠属、旅鼠属、林旅鼠属和沼泽旅鼠属四个属。传说当旅鼠数量达到顶峰时，它们就会自发进行集体迁移，奔赴大海自杀，只留下少数同类留守，担当种族延续的神圣任务。迪士尼在1958年拍摄的纪录片《白色荒野》中就记录了旅鼠成群结队迁移、自杀的场面，使得旅鼠奔赴死亡之约在西方家喻户晓。

二、在别人贪婪的时候恐惧，在别人恐惧的时候贪婪：谁是别人

"在别人贪婪的时候恐惧，在别人恐惧的时候贪婪。"这句巴菲特的名言想必大家都耳熟能详。很多人都会把这句话当成投资格言挂

在嘴边。但是，你有仔细思考过这句话吗？在大家都在说这句话的时候，那这个"别人"又是哪个人呢？

当大家都在说这句话的时候往往是大家都还有信心或气馁的时候，于是合在一起意味着毫无意义。真正适合投资的时机是趁着大多数人还未注意股票动态的时候，换句话说，没人说这句话的时候，这个"别人"才真正地出现在你的面前。反过来也是一样，当所有人都在谈论股票的时候，你就得小心一点了。

我们经常将投资和婚姻联系起来，但在某些时候，投资和婚姻也是相背离的。要知道婚姻里最可怕的往往不是争吵、出轨，而是相对无言的冷暴力，一个活生生的人就睡在你枕边，但是你们却一句话也懒得说，即便你主动找她（他）搭话都懒得理你。"沉默是最高级的轻蔑，这种轻蔑无异于钝刀子割肉，慢慢将你千刀万剐。"鲁迅的这句话真的很扎心。

碰上这样的婚姻无疑是不幸的，但是在投资方面结果却完全相反，像这样寂寞冷清、凄凄惨惨戚戚的市场正是价值投资者入场投资的好时机。在生活中，这种倒霉事人人避而远之，于是这种惯性也被带进了投资市场。人们会习惯性地回避冷清、寂寞的场景，对熊市逃之夭夭，几乎无人愿意谈论熊市，而这种讨厌的感觉给人带来了错误的判断。

狂热的市场也是一样，只是讨厌换成了喜爱罢了。牛市之中，任何下跌都会被认为是上涨中途的正常调整。上涨的获得感让人感到兴奋，就像任何人都渴望温馨和谐的婚姻一样，这种让人欲罢不能的感觉却是投资的"陷阱"。只要下跌，人们就会拿出这句话来说，他们都认为"别人"是懦夫，在"恐高"，而这时正是"勇士"加仓的好时机。

但事实却恰恰相反。**不少投资技巧高超的投资人都被拍死在抄底上。**牛市终结，狂跌之后的反弹被人们认为是加仓良机，大家都在恐惧，那么我就应该贪婪。然而，真的是这样吗？

所有人抄底、逃顶之后等来的会是买、卖力枯竭。做多的极致往往是多杀多变空，做空的极致却是空杀空翻多。犹如太极阴阳一般，你中有我，我中有你。

更何况大多数人都会对自己抓住牛股的事迹津津乐道，而对踩过的地雷却绝口不提。也就是说，对自己的成功记忆犹新，对自己的错误非常健忘，像这样的选择性记忆其实是人类大脑的自我保护措施之一。

但是这却是提高自身技术水平的阻碍，成功总是令人愉悦，而失败却令人讨厌，人们会自动回避失败而向往成功。牛市在短时间内就能证明你的成功（虽然最终大部分人都会失败），熊市则不断诉说着你的失败（耐得住寂寞冷清的人却会成功）。趋利避害的心理自然会选择最不该投资的牛市，而忽视熊市，但这恰恰是投资者的大忌。

总而言之，在投资的过程中，不要被喜爱、讨厌的情绪所左右，这只会让你错判市场。你需要的是利用市场上的情绪，找到最佳的投资机会。

另外，将下跌等同于市场恐惧心理，上涨等同于市场狂热心理也是大家会误判市场情绪的原因之一。**这是一种由简单的联想所形成的条件反射，**日常生活中也有很多这样的例子。

第七章 行为金融——投资心理分析

比如，人们通常会认为价格高昂、包装豪华的产品质量更好。某两个品牌的产品定位不同，以苹果和红米的手机为例，一旦手机出现问题，哪怕是极其可笑的个人操作问题，人们对不同品牌的态度也会不同。买红米的人多半都会抱怨红米的品控——果然是一分价钱一分货，红米就是质次才会价低；而买苹果的人通常不会认为是产品的问题——苹果的产品那么贵，质量肯定过关，说不定是我的操作有问题。这如同在投资中，草率地将专家同优秀联系起来，盲目相信所谓的专家，而将资金交给资质平庸，甚至品行恶劣的人去管理。

而实际上，金玉其外、败絮其中的产品不胜枚举。定位高端的品牌也会因设计失误导致大量产品被召回，低端品牌也有质优价廉、性价比超高的超值产品。而投资行业就更不用说了，所谓的"砖家"更是多如牛毛，自己赚得盆满钵满，让轻信"砖家"的投资者血流成河才是他们真正的强项。

"在别人贪婪的时候恐惧，在别人恐惧的时候贪婪。"这句巴菲特的名言和股市上涨、下跌简单联系起来，很容易让人产生现在的暴跌、暴涨就是抄底、逃顶的好时机的联想。从而忽视了实际情况而误判了形势。

另外，正如本章第一部分所说的那样，从众的社会认同心理也是导致你误判市场贪婪与恐惧的原因之一。

当大家都认为现在的下跌（上涨）只是上涨（下跌）的中继，周围人都在向你灌输不要恐惧（贪婪）的理念：现在的下跌（上涨）只是为上涨蓄势（熊市反弹），反转随时都会来，我们要有信心（我们不要被骗），我们要逆向思考，要在别人恐惧（贪婪）的时候逆势加仓（及时跑路），你也会不知不觉地认同这样的观点。

然而，你却忘记了冷静地独立思考一下——大家都在说这句话，都在准备抄底大干一把（脚底抹油开溜）的时候，这是恐惧（贪婪）吗？这分明就是贪婪（恐惧）！

所以，在你头脑发热想要抄底（逃顶）的时候，请千万要冷静下来，好好想想"谁是别人？"这个问题。不要最后才发现，那个别人正是你自己。这时，再怎么悔不当初，也来不及了。

三、为什么那么多的人喜欢追涨杀跌：短期预期和简单联想的影响力

想必很多人对追涨杀跌都不会陌生，几乎在所有的股票市场上都存在追涨杀跌的投资行为。当然追涨杀跌也有不少成功的案例，有些追涨杀跌的成功者甚至实现了财务自由被视作短线炒股大师，这些案例被许多短线投机者津津乐道，当作是投资圣经——在趋势形成时买入，涨一波就卖出。在A股市场不乏极端追涨杀跌的投机者，他们疯狂"打板"，赚了就跑，最著名的"游资敢死队"就是其中的佼佼者。

然而，短线投机实现财务自由的毕竟只是极少数，热衷于追涨杀跌的大部分普通投机者最终都会亏得血本无归。几乎所有的投资者都会认同低买高卖才能赚钱（这里暂时忽略做空，实际上做空是高卖低买，只不过是次序不同罢了），但是实际操作起来大多数人还是会高买低卖，而追涨杀跌正是高买低卖的帮凶。

追涨杀跌，顾名思义，在涨的时候买入，在跌的时候卖出。涨意味着价格上升，是相对意义上的高位，而跌则是价格下降，也就是相对意义上的低位，也就是说，这种操作方法稍有不慎，非常容易就变成了高买低卖。那么，为什么会这样呢？

这实际上是有确切的心理依据的。我们都知道经过了漫长的进化才有了人类，而人类在进化的过程中会为了眼前的利益而放弃长远利益。比如，巴西为了发展农业可以烧毁亚马孙雨林，非洲为了增加收入会大肆猎杀珍稀野生动物，发展中国家为了发展不惜进口洋垃圾、透支环境等。国家尚且如此，就更不用说普通的投资者了，大多数人一旦看到了短期的蝇头小利，自然就将"长线是金"的至理名言抛诸脑后。

而且，上涨和下跌立刻会在账面上有所反映，这又给人带来了一种错误的联系。简而言之，**就是将上涨简单联想成获利，将下跌简单联想成亏损，追逐利润、厌恶亏损对所有人来说都是理所当然的。**

巴菲特的老搭档查理·芒格在他的著作《穷查理宝典》中就详细描述过简单联想对人们判断力的影响。简而言之，简单联想是一种条件反射，而且是最常见的标准条件反射。习惯性的条件反射是由之前得到的奖励所引发的。

就以股票为例，上涨意味着市值上升，获得盈利，对任何人来说获利都是一种奖励，不断上涨就不断获得奖励，最终形成固有的思维模式，即我们将上涨视同奖励，即便这种上涨只是短期的，而股价已经被严重高估，并累积了大量风险，但面对上涨的奖励，人们依然会趋之若鹜。而反过来，下跌就会让人逃之夭夭。

就像赌场的水果拉霸机（见本部分末注），一般来说初次赌博都会让你尝到些甜头。这会让人将赢钱同水果拉霸机简单关联起来，从而促使他不断地下注赌钱，反复下注的结果当然是亏得倾家荡产。只要像这样将某种事物同美好联系起来，人们很容易受到简单联想的误导，从而做出愚蠢的决定。这也是大部分人喜欢追涨杀跌的原因之一。

玩水果拉霸机这类赌博游戏的人还经常会遇到差点就赢的情况，这一点更容易让人沉迷其中无法自拔。同样是迟到，迟到1分钟比迟到10分钟更让人沮丧；玩足球彩票差1场就中奖比全错更让人痛心。比起差了十万八千里，离成功近在咫尺更令人难以接受，那种不甘心的心情，体会过的人都会明白（这也是科比会说"总亚军是最大的失败"的原因之一）。

好好回想一下你买股票的时候是不是也会这样。之前涨势凶猛的龙头，一旦你追涨进去，突然就不涨了，开始和你磨起耐心来了——拉锯俯冲再拉锯起飞，笃笃定定地在箱体反复震荡，让你今天赚明天赔，上来一点又下去了，反反复复，最终让你不堪忍受草草离场了事（割肉或者小赚一点），然而，它等你刚跑不久就一飞冲天。

于是，你的追涨杀跌就成全了别人（一买就跌，一抛就涨）。这时，你会悔恨不已——我差一点就抓住大牛股了，要是再晚点跑，忍一下也就成功了。于是，下次继续。

另外，羡慕、嫉妒倾向也会造成追涨杀跌的情况出现。

现在想象一下这样的一个场景——市场正处于牛市的高潮，不断刷新点位，越过了3000点、4000点、5000点这些重要关口，周围的

第七章 行为金融——投资心理分析

亲戚朋友都在欣喜若狂地谈论着自己今天又挣了多少，专家们也在鼓吹10000点不是梦，而你却因为胆小手上只有一些存款，看着自己那点可怜的利息收入和周围人炒股票的大赚特赚形成的强烈反差，你还能心如止水吗？

心动不如行动，于是，追高杀入也就成了必然。冲动可是魔鬼，如果真这样做，那可真是要"恭喜破产"了，你离大亏特亏不远了。

同样的，持有的股票不涨，而同板块其他个股大涨特涨，是不是也会让你心痒难耐，迫不及待地将手上的"温吞水"扔掉，投入龙头的怀抱。然而结果会如何呢？又追涨杀跌了吧？或许这次又成了一买就跌，一卖就涨的反向指标。

要知道同板块的个股之间可能有着云泥之别。同样是白酒，贵州茅台和伊力特的股价相差了数十倍，它们在2020年的每股收益分别为37.17元和0.7862元，这绝对是天壤之别（特别提醒，不要只通过每股收益就决定投资）。你能指望伊力特的股价达到茅台的十分之一吗？很显然，如果伊力特真涨到了这个价格，那绝对被高估了，这时你应该考虑的是卖出而不是买入。

如果仅仅考虑行业相同，不进行具体分析，那么就会犯下追涨杀跌的错误。这样简单对比一下，就贸然进行投资的行为犹如买房时刚看完一套豪宅，然后就在附近高价购入一套老破小一样滑稽可笑。

除此之外，追涨杀跌还有连续性，一旦一个人习惯了追涨杀跌的投资方式，想改变是非常困难的。 那为什么习惯难改呢？这就要从远古时期人类大脑的进化说起了。

远古时期，人类在进化的过程中为了降低大脑的消耗，会自发形成习惯，这些习惯无论好坏都很难改掉。**所以没几个人能改掉自己已经养成的坏习惯，即便这些习惯已经困扰自己很久。**正是因为这个原因，所以才会有"三岁看到老"这句话，正所谓习惯的力量是无穷的，如果过去养成追涨杀跌的投资习惯，想改掉是非常困难的。因此，在投资初期就养成良好的投资习惯，对你今后的投资生涯大有裨益。

那么如何避免因这些心理因素造成的追涨杀跌呢？

首先，你应该好好研究一下股价上涨的原因，找出是否是因为大众追捧心理造成的上涨或下跌，以免受到误导，从而夸大或低估了企业的内在价值。

其次，就是保持客观和理性，不论是否持仓都要找出充分合理的理由，说服自己之后再进行操作。

最后，一定要做到不懂不做，不理解不买卖，如果你能给出合理的估价区间，自然不会随意追涨杀跌，投资越谨慎，那错误的概率也就越低。

【注】水果拉霸机：所谓的吃角子老虎机，有三个转轮转动，当转轮停止后，停在中奖线的图标符合中奖的图案，玩家就会获得中奖图案所表示的中奖金额。

四、亏损厌恶症患者：不看、不想、不动＝不亏？

如何面对亏损可以说是一个世界难题。厌恶亏损是人之常情。对于财富，人们总喜欢越来越多，讨厌越来越少。而在我们的 A 股市场中，对亏损的厌恶之情尤为严重，国外把卖掉亏损的股票叫 Stop Loss（止损），而我们叫割肉，这种深恶痛绝的感情溢于言表。

几乎所有的投资者都会碰上账面浮亏，这时候有很多人会选择当个"不动明王"。反正只要不看、不想、不动，就当没买过这个股票，就等于不亏。一旦有一天能涨回我的成本价或者小有赚头，我就卖掉，只要我坚持这样操作，就能立于不败之地了。

实际真是这样吗？股票的投资价值与你买入的成本无关，是不是该卖也与你是否亏损无关。重仓死扛即便能成功99次，1次失败也足以致命（你可以想一下假如失败的那次是以179元买入乐视网，你坚持死扛的下场会有多惨）。

无论在哪个投资市场，超级牛市才是真正的绞肉机，账面盈利的美妙感觉，每天市值都像火箭一样不停地飞升。仅仅一天，往上蹿升的财富就能超过你一个月甚至一年的辛勤劳动，这足以令人疯狂。脑子里面只有"买入，买入，买入"，认为买到就是赚到，**而只有当潮水退去的时候，人们才发现自己在裸泳。**

当盛宴谢幕，市场的价值回归。过去所有的盈利都被抹去，浮盈变成了浮亏，市场上到处都是过去狂热时期的套牢盘，大部分损失惨重的投资人并不会去反省自己过去的错误，反而会去找各种借口来掩饰逃避自己的错误。大脑的保护机制会让他们回避这个市场。

"都是××让我买的！还总是自吹自己是投资高手呢！我被他坑惨了！""政府在干什么，怎么跌成这样了都不救市？"市场上充斥着这样的言论。亏损总是令人痛苦，比起亏损来更让人难以接受的是承认自己不是投资的料。找理由说服自己，比承认自己是投资白痴容易得多。

这个时候，股票账户却显得那么刺眼。一打开股票账户，血淋淋的亏损数字无时无刻不在提醒着你是个"投资白痴"。于是，不看、不想、不动等于我还是一如既往的优秀。逃避痛苦是人的本能，就像一个温柔贤惠的姑娘被一个渣男坑惨了之后，再也不愿意谈恋爱一样。有些人甚至会把自己的股票账户忘得一干二净，直到下一个牛市出现才会重新想起来。

"我在××价位买了××股票，想请专家看一下，后市应该如何操作。"看到这句话想必经常看电视股评或者听股评广播的朋友们都会会心一笑。这是很多投资者都会犯的一个错误——<u>潜意识中将买入成本当作投资决策的依据，只要死扛到成本线以上再卖出就不会亏</u>。

然而，实际上应不应该卖出与你买入的成本无关，无论你是盈利还是亏损，卖出的依据取决于很多因素，其中最重要的取决于企业的内在价值。当企业的内在价值发生了巨变，或者你之前的投资研究出错，错估了企业价值的时候，无论是否盈利，你都应该选择卖出，这才是明智之举。

有句话叫作"屁股决定脑袋"，意思其实是人们会站在自身的立场上考虑问题，也就是说一旦进行了确认，就很难更改自己的决定，大脑会避免对已经确认的事情做出改正。

而买入股票就意味着你进行了确认，认为你的这笔投资是合理的，你在心中自然会对这笔投资有盈利预期，当事实与你的预期相反的时候，大脑通常会做出拒绝改正的反应。<u>这就是巴菲特老搭档芒格所说的避免确认不一致的倾向，所以当事实与确认相反的时候，大脑会拒绝做出改变，亏损厌恶症其实就是这么来的。</u>

第七章 行为金融——投资心理分析

错误是不可能完全避免的，完全规避犯错的人只有死人（不做不错，死人什么都不干自然不会错）。即便是"股神"巴菲特，他也经常犯错。但是巴菲特会经常反省自己的错误。正如他所说的那样："在犯下新的错误之前，应该好好反省一下以前犯过的那些错误，这是一个好主意。所以让我们花点时间回顾一下过去 25 年中我所犯的错误。"

错误不可怕，承认错误更不可怕，最可怕的是知道自己犯了错却拒不承认，那意味着你只会在错误的深渊中越陷越深。

除了避免确认不一致倾向，失去与得到之间的情绪落差也是造成亏损厌恶症的重要原因之一。有研究表明，一个人从 1 元钱盈利得到的快乐要远小于亏损 1 元钱带来的痛苦。也就是说，亏损所造成的伤害比盈利得到的快乐大得多。

如果一个投资者已经对某笔投资有了盈利预期，而最终的结果却是亏损，那么他的反应就好像是自己的钱被抢走了一样。不论是损失已经拥有的还是损失预期会拥有的，人们都会做出非常强烈的反应，轻则小题大做、斤斤计较，严重甚至会出现歇斯底里的情况。也就是说，**人在面对失去或者可能失去任何有价值的东西的时候，通常都会做出极其激烈的不理性反应。**

一个资产过千万的人可能会为了某张优惠券的过期而感到极端不快。尽管这张优惠券的优惠额度仅仅是 10 元钱。邻居之间反目成仇的导火索可能仅仅是晾衣服遮挡了阳光——你遮挡了他的阳光（尽管只有一点点，但这是他之前一直能享受的），他就立刻发火就像和你有不共戴天之仇一样，什么难听的话都骂得出口。

大公司往往有很多部门，每个部门通常都有自己的势力范围，它们会为了维护自己的地盘而互相排挤，拼命抢夺资源，最终形成公司内耗。这种内耗往往会对公司发展造成极大的影响，甚至会让企业由盛转衰。听起来似乎不可思议，但是身边确实有很多例子都可以证明这一点。

从上面这些生活中的事例可以看到，人们对于一点点的损失都接受不了，就更不用说股票动辄成千上万的损失了。尽管心有不甘，却又束手无策，当这种情绪无从宣泄的时候，逃避当然是最好的对策。于是，就会不自觉地不看、不想、不动，因为这样就可以轻松逃避损失的痛苦。

当避免确认不一致与损失反应结合起来会形成一种可怕的力量。

之前谈到的从众心理会使人们觉得牛市对股票的报价都是合理的，"市梦率"再高也无法阻止人们不断地买入，当价值回归的时候避免确认不一致和损失反应会联合起来使人们失去理性——人们会耗尽自己手上仅存的弹药去抄底，试图通过抄底来挽回"市梦率"股票的损失，最终结果当然是失去一切。把手上的"子弹"统统打光，依然徒劳无功之后，为了逃避损失，也只能不看、不想、不动了。

那么，如何减少因确认不一致与损失反应结合起来的超级反应带来的损失呢？最佳方法当然就是巴菲特先生所采用的策略——不懂不做，不会不做，理性绝对是对抗这种超级反应的神兵利器。

相信几乎所有的人都曾被这种超级反应坑害过，并为此付出过惨重的代价。本人也因为这种超级反应的威力而少赚了不少钱，如果能早一天知道这些心理学知识，也许我的投资收益率还能提高不少。正如上面所描述的那样，人们会因对心理学的无知而损失惨重，而降低这些影响的最好方法就是不断学习新的知识。

五、因为我手里有把锤子，所以你就是颗钉子：锤子效应带来的巨大偏差

"当你的手里有一把锤子，你就会把世界上的一切都看成是钉子。"巴菲特的老搭档查理·芒格说。对于巴菲特来说，芒格既是良师又是益友，芒格的很多思想理念同样也是巴菲特的思想理念。甚至可以说没有芒格就没有现在的巴菲特，更没有如同投资"圣地"的伯克希尔·哈撒韦公司。

这句话的意思就是，当你有一项得心应手的技能时，遇上所有的问题你都会用这个技能去试。同样，当你取得成功时，不免就会将成功的经验运用到下一次。

成功是每个人都喜爱的，成功意味着盈利，意味着财富增值，说明你的眼光独到，证明了自己的优秀，所以，所有人都喜欢成功。但是成功也会带来问题——当你成功了之后，很容易对过去的成功经验产生依赖，从而难以做出改变，这就是所谓的"成功路径依赖"。

事实上，过去的成功经验不一定适用于未来，市场会根据宏观经济周期、景气度的变化，甚至某一家公司的成败而不断变化。趋势不会一成不变，如果你将过去一段时间的趋势当成未来的趋势，终有一天会让你大败而归。

1980年，美国人根据20世纪70年代的成功经验总结出了"买

股不如买大宗商品"的结论，经过整个 70 年代滞胀的折磨（起因是两次石油危机），人们对大宗商品走牛坚信不疑。然而事实又如何呢？20 世纪八九十年代是股市长牛，而大宗商品一直在熊市中挣扎。挨了板子的投资者根据经验教训又得出了股市才是王道的结论，结果 2000 年又一次惨遭打脸，大宗商品涨势如虹，做空商品损失惨重。

哪怕像中国楼市这样从 1998 年房改以来一路向上走了 20 多年长牛的"王道资产"，现在也进入了一个瓶颈期，谁又知道下一个 20 年，楼市会变成什么样？要知道，大类资产的轮动周期往往是十几年甚至几十年，**根据过去的成功投资经验来预测未来的市场就像你通过观察后视镜来预测车祸一样困难。过去的成功经验不等于将来的成功经验，这是一个常识，但是很多人却会忽视这个常识。**

这是为什么呢？那是因为人们在遇到问题的时候就会从自身的技能库中寻找解决方案，如果你的技能或者经验是"锤子"，那么你会将问题当成"钉子"来处理，即便问题是螺丝，需要的是螺丝刀，你也会用暴力将螺丝变成螺丝钉，因为你手上只有"锤子"，所以即便不合适，也只能硬上。受限于自身的技能与经验，**为了能让现有的知识派上用场而忽略问题所需，忘记了是问题而不是你自己的技能库才是根本，这就是锤子效应所带来的巨大偏差。**

除此之外，放弃原有的技能所带来的转换成本也是不容忽视的因素。转换成本是获取、学习和使用一种新技术的机会成本。如果你想增加一种技术，等于之前所有的成功经验统统归零，一切从头开始，所以对于个人来说转换成本极高。这也进一步深化了锤子效应，使得人们更不愿意做出改变。

因此，就会出现曾经用某种方法获得成功以后（即便只是运气好）就很难做出改变，不愿意使用其他方法的情况。我们的大脑往往会基于过去的成功经验和已有的知识结构做出判断，即便这样做效果很差，也依然不撞南墙不回头。

对于这一点，著名的柯达公司是非常有发言权的，**柯达正是因为摆脱不了胶卷的成功路径依赖才一步一步走向破产的。**

柯达公司成立于1881年，两年之后柯达就成功地发明了胶卷。出乎许多人意料的是，第一台数码相机也出自柯达之手。1975年柯达又一次领先业界，抢先发明了第一台数码相机，然而柯达并没有意识到数码相机替代胶卷的大势，或者说柯达根本不想往这方面发展，最终错过了这一次绝好的转型良机。1997年，柯达到了它的巅峰期，市值最高达310亿美元，拥有1万多项专利和14.5万名员工。

然而，好景不长，仅仅15年后，柯达就申请破产保护。在发明世界首台数码相机之后，柯达继续把大量资源投在了传统的胶卷上，挤占了数码相机技术的研发资源，使公司陷入了"成功路径依赖"的泥潭。柯达难舍胶卷市场的巨额利润以至于舍弃了数码相机的广阔市场空间，沉浸在胶卷的垄断市场地位，享受垄断的高额利润最终无法脱身，一步一步地慢慢掉入破产的深渊。

这个失败案例让我们意识到要学会居安思危，努力摆脱成功路径依赖（自己的舒适区），拥有一定的危机感才是长远发展的基石。李嘉诚说过"90%的时间都在考虑失败"。比尔·盖茨说过"微软离破产永远只有18个月"。这两位业界大佬说的正是这一点。只有敢于放弃沉没成本，才能尽量避免成为"锤子"。舍得舍得，不舍哪有得。

舍是一种智慧，只有勇于舍弃，才能有所收获。

另外，自视过高也是出现锤子效应的原因之一。几乎所有的人都会错误地高估自己，认为自己某项得意技能的水平大大高于平均水平。不仅如此，人们对"自己人"也显得更为偏爱。比如说，会不客观地看待自己的子女，对自己的子女给予过高评价。

对自己的选择当然更不会例外，尤其是自己的选择曾经取得过成功。即便时过境迁，过去的方法已经不适合现在的情况时，他也会愚蠢地相信，甚至比过去更强烈地相信他的方法是对的。这种倾向进一步加深了锤子效应，从而使人们在错误的泥潭中越陷越深。

人们不仅不会去改变自己，而且还会为自己的糟糕表现寻找借口，以此来让自己感到心安理得。所以他们认为错的不是"锤子"，而是问题本身——它为什么不是一颗"钉子"。

在信息化的 21 世纪，到处都可以感受到锤子效应的威力。毫无疑问，信息化在不断助推锤子效应的影响力。或许很多读者对此会有所质疑："信息化的世纪和锤子效应又有什么联系呢？"下面简单分析一下信息化与锤子效应之间的联系。

我们都知道，信息化意味着资讯信息爆炸。现代社会是个信息爆炸的社会，信息爆炸带来飞速发展的同时也带来了麻烦——信息越来越多，面对的问题也越来越复杂。**人在面临复杂决策的时候，倾向于选择性地对信息进行解释，但思维和认知具有迟滞性**，这也是大脑节省资源的一种表现方式，但这会使我们错误地将过去的成功经验强行套用在新环境上。**固化的思维模式将人们的注意力集中在所看所想上，这属于认知定位偏差**。

第七章　行为金融——投资心理分析

最典型的复杂决策当然就是投资了，一次成功的投资需要甄别大量的信息，考虑很多方面的因素（信息化更加剧了这一点）之后才做出决定，这更容易让人进行选择性解读，将投资和自己所擅长的技能联系在一起。如果碰巧成功了几次，就更麻烦了，这会强化你生搬硬套的心理，让锤子效应在你的思维模式中生根发芽，难以摆脱。

总之，锤子效应在各个领域都是常见的，而我们要重点关注的当然是投资领域。该效应是一个几乎所有投资者都无法克服的心理障碍，甚至可以说所有人都会受到这种效应的影响，只是程度轻重的区别而已。

那么，怎样才能减轻这种效应所带来的负面影响呢？对于这个问题，芒格给出的解决方法就是：不断学习。大多数人都试图用一种思维模型来解决问题，但是任何一种思维模型都有局限性，这会让你犯错的概率大大增加。通过不断地学习，建立更多的思维模型，并且让这些思维模型不断竞争，从中选择出一个最优模型才是减轻锤子效应负面影响的最佳方法。

第四部分

实战案例

第八章
巴菲特价值投资理念在 A 股市场的实践

经过前面章节的长篇大论，想必很多读者已经开始烦躁了。有道是"光说不练假把式"。下面就让我们进入激动人心的实战环节吧，通过实际的案例来验证一下巴菲特的投资理论是不是真的适合 A 股投资。

下面就通过贵州茅台、片仔癀、海天味业、中国石油这四家比较有代表性的股票投资实例来论证巴菲特独特投资哲学在 A 股市场的有效性。

首先，有请 A 股的头号"天皇巨星"——贵州茅台闪亮登场。

一、贵州茅台：中国 A 股的神话

贵州茅台酒股份有限公司成立于 1999 年 11 月，由贵州茅台酒厂有限责任公司、贵州茅台酒厂技术开发公司等 8 家企业共同发起成立，于 2001 年 8 月 27 日在上海证券交易所上市。

茅台酒的历史源远流长，据史册记载，早在公元前 135 年，古属地茅台镇就以酿出让汉武帝赞不绝口的枸酱酒而闻名于世。发展至今，茅台酒已是无可争议的中国第一名酒。

准则 1：业务简单易懂。

酒文化是中国的传统文化。不管这种文化多么有争议，依然无法改变其源远流长的历史。在现代职场上、生意场上，酒文化也是绝对的主流，甚至可以说你不会喝酒就很难谈成生意。可以说不会喝酒比会喝酒的更不容易出人头地。

这一根深蒂固的酒文化让人深恶痛绝但又无可奈何，只能努力适应。毫无疑问，茅台是白酒中毫无争议的头牌，行业绝对的老大。飞天茅台常年供不应求，以至于必须对出厂价进行限价销售，现在能以厂商参考价买到一瓶飞天茅台就是赚到。所谓的最佳理财产品就是这么来的。

茅台的主营业务多年未变，一直都是生产和销售高端白酒。而在这个市场上，茅台在国内也是独孤求败般的存在。茅台的毛利率同样也是业界顶级——高达 91% 以上。茅台也是鲜有被国人认同的国货高档奢侈品，在礼品市场上也是傲视同行业的存在。所以，即便是滴酒不沾的人，也非常容易理解茅台的业务。

准则 2：长期成功经营。

早在 1915 年 2 月 20 日，茅台就被中国农工部以"茅台造酒公司"的名义送去参加巴拿马万国博览会，并且不负众望，获得银奖

（根据中方总负责人陈琪编撰的《中国参加巴拿马博览会纪实》中181页所记载，茅台酒在会上荣获银奖）。

茅台不仅历史悠久，声名显赫，而且茅台的制作工艺也延续至今，经受住了历史的考验。贵州茅台的经营平稳，产品长期供不应求，收益逐年稳步增长，甚至成了当地的财政支柱之一。在A股上市之后，更是长期霸占股王宝座（最高股价），是一家相当可靠的企业。

茅台的主营业务收入自2001年上市以来就一直在增长，从最初的16.18亿元增长到了最新的949.15亿元，年均增长率达到22.6%。从而一举从和五粮液双雄争霸的局面中脱颖而出，成为白酒业无可争议的霸主。

准则3：高确定性的长期发展前景。

巴菲特在1984年曾经写过这样一句话："一家著名报纸的经济状况，应该在顶尖报纸中也是出色的。"这句话同样适用于酒业，茅台的经济状况在顶尖同业中同样是鹤立鸡群，没有任何一家白酒类企业能与之相提并论。

对于拥有酒文化的中国来说，即便是一家三流的酒企，只要在某个小城市站稳脚跟，也足以获得丰厚的利润，过上滋润的日子。白酒行业的业务是如此的简单（简单到甚至只要能买到基酒，勾兑一下贴个牌子就能变成成品），利润却又非常丰厚（即便是低端白酒，毛利率都在50%以上），甚至连联想这样的科技企业也曾经想进白酒业来分一杯羹。

当一家白酒企业的旗下品牌成功打出了一定知名度，就等于有了一台小型印钞机。只要能站稳市场，就不愁销路，白酒稳定的需求会给你带来长期稳定的盈利预期，像茅台这样的行业老大更是地方上的摇钱树。

白酒业只需要很低的资本需求，酒窖的使用年限最高可以达到百年以上，一次开销可以支持很久，非常容易获得高毛利。即使酒企是通过购买基酒勾兑（低端白酒大多都是勾兑酒），也提高不了多少成本。

另外，白酒提高价格的市场接受度更高。特别是名酒，可以在提价的同时不影响销量（茅台酒已经经过了多轮提价，现在依然是一瓶难求）。因此，白酒业可以产生远远超出其他行业的投资利润，并降低通货膨胀带来的负面影响。

茅台酒的提价空间较大，面向的顾客群体的购买力很强（多是高端消费者，对价格不敏感），实际市场价早就远远超出了企业参考价。由此可以看出，即便茅台再次提高出厂价，也不会吓走多少消费者。

准则 4：可以大致确定出企业的内在价值区间。

在 2007 年上证综指处于 6124 点历史最高点的时候，茅台股票的总市值在 1800 亿元人民币左右，到了 2022 年已经翻了 10 倍以上，远远超出同期上证综指的"涨"幅（谁都知道上证综指已经很久没有创出过历史新高了）。大多数的证券分析师、经纪人和基金经理都应该意识到茅台在 2007 年的内在价值在 1000 亿元以上，事实上茅台在 2008 年大熊市的时候，市值曾经跌到 800 亿元左右，这绝对是一个绝佳的投资机会。

2007 年以前绝对是中国经济的高光时期，2008 年次贷危机之后

第八章 巴菲特价值投资理念在 A 股市场的实践

经济发展也能维持在中高速的区间，茅台当然也是渐入佳境，2007年年报公布的净利润为 2830831594.36 元，比 2006 年增长 82.93%。接近 83% 这样的高速增长显然是不可持续的，但可以预见未来茅台的增长速度能超过中国的 GDP 增速，也就是至少能保持在两位数。因此，我们预估茅台自 2007 年以后未来 10 年的平均增长速度估计下限为 10%，上限保守估计为下限的 1.5 倍，预估净利润增长区间在 10% ~ 15%。

预估完未来十年平均净利润的增长区间之后，我们还要来做一个贴现，将预估的未来收益贴成现值，所以必须要确定一下贴现率。标准的贴现率当然是通货膨胀率（CPI），然而 CPI 并不能完全反映实际物价，有一定的局限性，因此我们将 CPI、M2（广义货币）增长率和 10 年期国债收益率相加取一个平均值来作为贴现率，2007 年的 CPI 为 4.8%，M2 增长率 16.7%，10 年期国债收益率[①]为 4.41%，将三者相加取平均值得出贴现率为 8.63%。

接着，我们需要再预估第 11 年的增长率，这里取下限 10%，将第 10 年预估的净利润乘以第 11 年的增长率得出预估的第 11 年的净利润，将净利润除以资本化率 4.41%（一般取 10 年期国债收益率）得出一个基础价值，再进行贴现，将第 11 年的收益贴回现值。最后，将这些数值汇总，得出贵州茅台预估内在价值的价值区间，具体结果（下限）如表 8-1 所示。

---

① 由于估值的年份是 2007 年，与前面章节不同，这里的 10 年期国债收益率是 2007 年的。

表 8-1　贵州茅台内在价值的预估结果

单位：万元

内在价值估算过程及结果										
2007年净利润	283083.16									
预估下一年的净利润	311391.48	342530.62	376783.69	414462.05	455908.26	501499.09	551648.99	606813.89	667495.28	734244.81
预估年增长率	10%	10%	10%	10%	10%	10%	10%	10%	10%	10%
贴现因子	1.0863	1.1800	1.2819	1.3925	1.5127	1.6432	1.7850	1.9391	2.1064	2.2882
每年股东收益贴现后的值	286653.30	290268.46	293929.21	297636.14	301389.81	305190.82	309039.77	312937.26	316883.91	320880.33
贴现值合计	3034809.00									
预估第10年的股东收益	734244.81									
第11年的增长率	10%									
第11年的股东收益	807669.29									
资本化率	4.41%									
第11年经过资本化后的价值	18314496.40									
第10年的贴现因子	2.2882									
第11年经过资本化后价值的现值	8003817.66									
预估的内在价值	11038626.65									

我们从表 8-1 的计算结果可以看到，贵州茅台的价值下限在 1100 亿元左右，当市值跌到 800 亿元左右的时候，即便按预估下限算，也拥有 27.3% 左右的安全边际空间，可以说是一笔相当划算的投资。

准则 5：在合理的价位投资。

就像之前章节所表述的那样，需要在估值中加上一个安全边际系数来增加投资的成功率，在准则 4 的计算中设定了较低的成长率和较高的贴现率，这能保证企业的估值拥有较大的余量，在此基础上还应酌情乘上一个安全边际系数。较低的安全边际系数虽然有较高的安全性，但是却可能错过一个投资良机。

如果你遇上一个非常不错的投资标的，为了不错失投资良机，我个人建议你使用较高的安全边际系数，比如 0.85 或者 0.9。从各种投资实例来看，在投资标的质量有保证的情况下，即便是较高的安全边际系数，也依然能获得不错的投资收益。

准则 6：出色的长期收益率和营业利润率。

贵州茅台在 2001 年上市后全面摊薄的净资产收益率是 12.97%，最大竞争对手五粮液的净资产收益率达到 17.29%，远高于贵州茅台。但到了 2007 年，五粮液倒退了一小步，其净资产收益率只有 15.35%，而贵州茅台的净资产收益率疯涨到了 34.38%，远远超过了老对手。贵州茅台的净资产收益率在之后很长的一段时间里都维持在 25% 左右，甚至到了 2020 年，在净资产基数很高的情况下还能保持在 30% 以上，实在是让人叹为观止。

贵州茅台还有惊人的营业利润率，在 2001 年刚上市的时候，贵州茅台的营业利润率就达到了 24.3%，之后一直逐年稳步上升。到了 2020 年，贵州茅台的营业利润率居然一举突破了 70% 大关，达到了 72.20%，不愧被称为茅台印钞机。

准则 7：理性管理。

贵州茅台为股东带来了高额回报，公司在经营的过程中积累了大量现金，这些现金远远超出了公司正常经营的需求，所以贵州茅台每年都进行大额分红，这在 A 股市场上是十分难得的。

另外，不论是中国房地产突飞猛进，还是移动互联网的热潮，贵州茅台都没有深度参与其中，这一点也是比较难能可贵的。贵州茅台虽然改变了经营范围，增加了房地产开发及租赁、互联网产业等非主营业务，但是这些业务的经营占比非常有限。从贵州茅台的主营构成可以看到茅台酒和系列酒的占比额在 99% 以上，其他业务几乎可以忽略不计。从这一点可以看出，贵州茅台并没有贸然进入自己不熟悉的热门行业。

准则 8：1 元回报。

"留存收益中的每 1 元钱都至少能转换成市场价值中的 1 元钱。"这是巴菲特选择公司的准则之一。这个标准能确认公司管理层是否能一直令人满意地对企业资本进行分配和投资。如果留存收益能创造出高于市场平均水平的回报，那么公司的内在价值将获得相应的提升。

2001—2020 年，贵州茅台的净利润共 2556.9 亿元。其中，公司将 1207.95 亿元进行分红，而留存了 1348.95 亿元收益用于再投资。2001 年年末贵州茅台的总市值只有 100 亿元不到，到了 2021 年年末已经增长到了 25700 多亿元，堪称是中国股市的奇迹。仅仅 20 年贵州茅台的股票市值增加了 25600 多亿元。在 20 年里，贵州茅台留存的每 1 元钱收益为股东创造了将近 19 元的市值，完美达到了巴菲特的选股标准。

总结：

综上所述，贵州茅台不愧为 A 股的"股王"，在保持高比例现金分红的情况下，依然能将公司发展得如此之好。这与茅台酒的市场地位密不可分，也与中国的酒文化密切相关。虽然我几乎可以肯定在下一个 20 年里，贵州茅台无法继续维持现有的高增速，但是它依然能将盈利维持在一个较高的水平上，当贵州茅台股价位于合适的价格区间时依然值得投资，这一点毋庸置疑。

那么，贵州茅台现在的内在价值区间在哪儿呢？请读者们好好想一下吧。

二、片仔癀：百年瑰宝、中药龙头

片仔癀创立于 1999 年 12 月，中华老字号企业，由原漳州制药厂改制而来。2003 年 6 月在上海证券交易所上市。在 2018 年被美国摩根士丹利首批纳入摩根士丹利国际资本公司中国（MSCI）指数的 A 股名单，当时仅 4 家医药生物行业企业入选。

片仔癀源于宫廷，距今已有 500 年左右的历史。经过半个多世纪的传承，被我国列入国家一级中药保护品种，处方和工艺受到国家严格的保护。是我国最为知名的中药瑰宝之一，产品出口世界 30 多个国家与地区，连续多年位居中国中药外贸产品出口前列。

据史料考证，明末朝廷暴政肆虐，一名宫廷御医对此极度不满，因此偷偷携带片仔癀秘方出逃流落至漳州，隐居璞山岩寺削发为僧。之后依据宫廷秘方，用上等麝香、牛黄、田七、蛇胆等多种名贵中药材炼制成药，专治热毒肿痛，内服外敷均可。其独特疗效被当地所推崇。于是，在当地逐渐就有了拜访长辈赠送片仔癀的习俗，并随华侨流入南洋，救人无数，驰名中外，在东南亚享有盛誉。

准则1：业务简单易懂。

片仔癀的拳头产品就是片仔癀，这是一味中药，**其工艺和处方被列入国家"双绝密"，传统制作技艺更是被列入国家非遗名录，是国家一级中药保护品种，被评为中国中药名牌产品。**

说到中药的效果，一般争议都很大：支持中药的人非常支持中药，甚至在西药效果更好的情况下也会优先选择中药治疗；反对中药的人则会把中药说得一文不值，认为中药就是骗子。所以，网上也有将片仔癀称为"骗子癀"的。

其实大可不必如此非黑即白，一竿子打死所有的中药，这样既不理性也没有必要。说到药还是要用疗效说话，个人认为片仔癀的销量证明了片仔癀是具有一定疗效的，否则也不会有这么多的病人去当冤大头，要知道片仔癀的价格可不便宜！

片仔癀药如其名，也就是"一片退癀"的意思。"癀"就是热、毒、肿、痛，片仔癀具有清热解毒、消肿化瘀、凉血止痛的疗效。可以治疗各种热毒血瘀、病毒性肝炎、无名肿痛以及各种炎症等"癀"类病症。对于癌症也有一定改善症状的效果，片仔癀还有促进愈合、提高人体免疫力的功效。

片仔癀还是极少数被允许使用天然麝香的名贵中药药品之一，天然麝香产量极小，稀缺而又名贵，现在天然麝香的价格已经超过800元/克了，比黄金的价格都高。所以绝大多数中药只能使用人工合成的麝香，效果远不及天然麝香。这也从侧面证明了片仔癀的疗效卓越。

由于天然麝香的稀缺性导致片仔癀虽然供不应求，但销量严重受制于天然麝香的产量，这也是影响片仔癀发展的因素之一。片仔癀还在其他中药领域和日化领域有所发展，但主要的营业收入还是依靠片仔癀。片仔癀也被一些股票投资者称为"中药茅"，从这个绰号也可以看出片仔癀的热销程度。

准则2：长期成功经营。

片仔癀的历史可以追溯到460年前的明朝嘉靖年间。而漳州片仔癀药业有限公司是在1999年12月由漳州制药厂改制而来，历史并不是很悠久。

片仔癀自2003年6月在上海证券交易所上市以来，主营业务收入几乎年年增长。主营业务收入从2004年的2.5亿元大幅增长至2020年的65.1亿元，年复合增长率高达21.2%，从中药板块的"后生晚辈"中脱颖而出成了行业龙头，长期经营的成绩斐然。

准则3：高确定性的长期发展前景。

正如上面所说的那样，**片仔癀是国家一级中药保护品种，其配方中的天然麝香非常稀缺，所以片仔癀几乎不可能被仿制，其产品拥有天然的保护屏障。**

随着我国老龄化的不断深化，对片仔癀的需求一直在上升，而片仔癀的产量完全取决于原材料的产能，但这一点几乎无法在短期内解决（尽管片仔癀在饲养林麝，但是天然麝香的产能增加极其有限），因此片仔癀拥有较大的提价空间，可以在不明显影响销量的情况下提高售价。通过这种方式也能带来较为稳定的增长预期。

片仔癀还发展了其他业务，包括其他中药产品和日化产品，其中日化产品已经取得了一定成绩。片仔癀的产品主要集中在中药上，对资本的需求不大，虽然林麝养殖需要较高资本投入，但一来养殖业务的占比不高，二来通过养殖投资获得的天然麝香等中药材完全可以弥补这一点不足。

准则4：可以大致确定出企业的内在价值区间。

片仔癀在2003年6月上市，那么同样以6124点为基点，观察的估值是否能有投资的机会。

片仔癀在2007年的年报中公布的净利润为95188986.37元，比2006年同期增长18.89%。这个增速对于像片仔癀这样的中药企业来说是十分正常的，我们可以预期它未来也可能以这样的速度增长。在6124点时，片仔癀的市值仅为46亿多元，即便是6124点的泡沫时期，片仔癀的股价也实在是太便宜了。到2008年年底，片仔癀的市值已经跌到了23亿元出头，当时市场的低估程度简直让人难以想象。

接下来，就到了对片仔癀的内在价值进行预估的环节了。受制于天然麝香的产量，片仔癀提升销量非常困难。因此，对片仔癀未来十年的增长上限就保守设定在同茅台一样的15%这个位置。至于下限依然参考我国的GDP增速，设置在10%。由于预估都在2007年，所以贴现和资本化率均不变，第11年增长率同样设置为10%，最后结果（下限）如表8-2所示。

表 8-2 片仔癀内在价值预估结果

单位：万元

内在价值估算过程及结果											
2007年净利润	9518.90										
预估下一年的净利润		10470.79	11517.87	12669.65	13936.62	15330.28	16863.31	18549.64	20404.60	22445.07	24689.57
预估年增长率		10%	10%	10%	10%	10%	10%	10%	10%	10%	10%
贴现因子		1.0863	1.1800	1.2819	1.3925	1.5127	1.6432	1.7850	1.9391	2.1064	2.2882
每年股东收益贴现后的值		9638.95	9760.51	9883.61	10008.25	10134.47	10262.29	10391.71	10522.77	10655.48	10789.86
贴现值合计						102047.89					
预估第10年的股东收益	24689.57										
第11年的增长率	10%										
第11年的股东收益	27158.53										
资本化率	4.41%										
第11年经过资本化后的价值	615836.65								269134.80		
第10年的贴现因子	2.2882										
第11年经过资本化后价值的现值											
预估的内在价值									371182.69		

即使在如此保守的估计下，片仔癀的内在价值下限也有 37 亿元之多，当市值跌到 23 亿元的时候，足有 37.8% 左右的安全边际空间，如果有幸碰上，那肯定只有砸锅卖铁拼命买了。

准则 5：在合理的价位投资。

建议同贵州茅台的准则 5（笔者个人认为按 2022 年 4 月 1 日的股价来看，现在片仔癀太贵了，不建议投资）。

准则 6：出色的长期收益率和营业利润率。

片仔癀在 2004 年年报公布的净资产收益率仅为 7.91%，而同期中医药股的龙头云南白药的净资产收益率高达 25.48%，片仔癀连白药的尾灯都看不到。到了 2007 年，片仔癀的净资产收益率增长了 66%，达到了 13.16%，已经是个非常不错的成绩了。但是云南白药的收益率依然保持在 25% 左右，超过片仔癀近 1 倍，行业老大的地位依然稳如泰山。

到了 2020 年，情况却发生了翻天覆地的改变，云南白药因为各种原因，净资产收益率跌到了当初片仔癀的水平，只有 14.46%，而片仔癀却达到了曾经龙头的级别——23.07%，成功实现了逆袭。

从 7.91% 这样平平无奇的水平到行业龙头级别的 23.07%，片仔癀实现了质变。这张成绩单还是在受制于天然麝香短缺、产能无法继续放大的条件下取得的，可以说只要能解决原材料短缺或者成功开拓出其他中药的市场潜力，片仔癀还有很大的成长空间。

片仔癀同茅台一样也有着出色的营业利润率，在 2004 年，其营业利润率就已经突破了 24.2%（和 2001 年的茅台不相上下）。到 2020 年，营业利润率更是突破了 30% 的大关，而且根据 2021 年的三季报来看（营业利润率已经高达 39.86%），还有继续向上的空间（和茅台比还是"弟弟",这方面白酒的优势实在是太大)。

准则 7:理性管理。

片仔癀和茅台一样,每年都进行大笔分红,通过定期分红努力回报投资者的信赖。

在业务方面,片仔癀没有贸然进入自己不熟悉的领域(它的日化产品是利用自己中药产品的优势,通过添加中药成分增加日化产品的效用,以此来打开市场)。片仔癀在努力增加自己拳头产品片仔癀产量的同时,积极研发其他新产品——虽然在其他中药产品上没有取得什么实质性的突破(最优秀的心血管用药也只占主营业务收入的 1.18%),但是日化产品取得了一定的进展(占主营业务收入的 11.23%,毛利率也有 69.54%)。通过在膏、霜等护肤用品和牙膏中添加中药的有效成分,取得了不错的销售成绩。

准则 8:1 元回报。

2004—2020 年,片仔癀的净利润共达到了 82.41 亿元。其中,将 30.31 亿元的利润通过分红分配给了股东,公司留存了 52.1 亿元的收益用于自身发展。2003 年年末片仔癀的总市值只有区区的 16.2 亿元不到,到了 2021 年年末已经成长到 2637 亿元左右,这个成长速度绝对是对得起"中药茅"的称号。从上市到 2021 年年末,片仔癀的股票市值总计增加了 2621 亿元左右。在此期间,片仔癀留存的每 1 元钱收益居然为股东创造出了 50 多元的市值,是茅台的 2.65 倍,这份成绩单绝对是大大出乎所有投资者的意料。

总结:

综上所述,即便在业绩亮眼的中药行业,片仔癀依然可以鹤立鸡群,在保持每年现金分红的情况下,公司仍然在不断地发展壮大,一跃成为行业龙头。这不仅与片仔癀各类产品的效用有关,也与公司的高效运营密不可分。可以说,片仔癀还有较大的发展空间,在未来还有不断提高盈利水平的潜力。

总之,当片仔癀股价在合理区间时,绝对是一个可靠的投资选择,当出现这样的机会时,聪明的投资者千万不要错过。

三、海天味业:源自乾隆年间的味道

海天味业全称为佛山市海天调味食品股份有限公司,源于清朝乾隆年间的佛山酱园,距今已有300多年的历史,产品包括酱油、蚝油、醋、调味酱、鸡精、味精、油、小调味品八大系列。2014年2月,海天味业成功在上交所挂牌上市。

海天是中国调味品行业的龙头企业,历史悠久,是我国商务部公布的首批"中华老字号"企业之一。其拳头产品海天酱油产销量长期稳居全国第一,品种覆盖高、中、低各个层次,满足消费者各种口味的需求。

有道是"衣食住行",调味品正是在"食"这一行,油盐酱醋可谓是老百姓生活中最基本的刚性需求,是餐桌上不可或缺的重要组成部分。海天味业正是一家致力于提供优秀调味解决方案的上市企业。

准则1:业务简单易懂。

海天味业的主业是调味品,主力产品海天酱油占海天主营业务收入的半壁江山。说到酱油,只要在家里掌过勺、烧过菜的人都熟悉,几乎每天都要接触。调味品的作用无人不知无人不晓。

海天最主要的业务就是酱油、调味酱、蚝油等调味品的生产和销

售，海天的市场占有率很高，长期名列前茅，在渠道方面的优势很明显，小到杂货店、便利店、中小型超市，大到大型购物中心、知名电商平台，都有海天产品的身影。

海天味业一直保持着调味品行业的龙头领先地位，其中海天酱油的产销量更是连续25年位列行业第一。

准则2：长期成功经营。

巴菲特曾经谈过他做最终决策时的想法，他说："假如你要离开10年，而此时你想做一笔投资，你了解你现在所知道的一切，但当你不在的时候不能改变这一切。你会怎么考虑？"显然是业务简单易懂，经营政策连续且一如既往，长期业绩令人满意。而海天味业基本满足了这些条件。

海天味业自上市以来，营业收入从2014年的98.17亿元增长到2021年的250.04亿元，年均增长率在14.3%左右，虽然没有贵州茅台和片仔癀两位大佬动辄数十倍的增长看上去那么亮眼，但是这个成绩是在中国经济增速放缓的2014年之后取得的，实属难能可贵。

更何况海天味业的主营业务的刚性需求程度明显要强于之前的两位大佬，所以海天味业的业绩稳定性甚至能更胜一筹。

准则3：高确定性的长期发展前景。

面临经济危机，人们可能会节衣缩食，减少不必要的开支。调味品相比奢侈品和耐用品，抵受经济危机冲击的能力明显更强。换句话说，业务的刚需程度越高，其经营稳定性也越高，这也是海天味业的竞争优势之一。

中国人口老龄化、少子化已是大势所趋，人口的规模将逐步减小。调味品行业也会渐渐步入红海，海天味业拥有领先的市场地位和品牌加成，在争夺存量市场的竞争中取得优势的概率更高。存量竞争往往会产生马太效应，也就是强者越强。

因此，可以预见，海天味业未来的增长率会受到人口规模的限制，但是在马太效应的助力下，应该能取得其他中小品牌的市场份额，从而稳定维持在现有的增长水平上。加上调味品行业的刚性需求属性，海天味业在未来还是有一定的增长潜力的。

准则4：可以大致确定出企业的内在价值区间。

2014年之后的中国经济显然是比不上之前高速增长的高光时期的，经济环境的不同，估值变量当然也要跟上脚步，选择和茅台、片仔癀一样的增长估值变量显然是不明智的。因此，要对海天味业的增长率做出合理的估计。

即便如此，海天味业大概率还是能超过我国GDP的增速的，也就是说至少能保持在6%以上。因此，对海天味业未来十年的平均增长率取下限为7%，上限保守估计勉强超过两位数，就算是12%吧。因此，最终得出的预估净利润增长区间在7%～12%。

我们还要再重新预估贴现，毕竟2014年的通货膨胀率和2007年是不一样的。同样，CPI并不能完全反映实际物价，因此还是将2014年的CPI、M2增长率和10年期国债收益率相加取一个平均值来作为贴现率，2014年的CPI为2%，M2增长率12.2%，10年期国债收益率[①]为4.42%，将三者相加取平均值得出贴现率为6.21%。最后得出的结果（下限）如表8-3所示。

[①] 这里的收益率取自2014年，2014年的10年期国债收益率同2007年相当。

第八章 巴菲特价值投资理念在A股市场的实践

表 8-3 海天味业内在价值预估结果

单位：万元

内在价值估算过程及结果											
2007年净利润	209027.57										
预估下一年的净利润		223659.50	239315.66	256067.76	273992.50	293171.98	313694.02	335652.60	359148.28	384288.66	411188.87
预估年增长率		7%	7%	7%	7%	7%	7%	7%	7%	7%	7%
贴现因子		1.0621	1.1281	1.1981	1.2725	1.3515	1.4355	1.5246	1.6193	1.7198	1.8266
每年股东收益贴现后的值		210582.34	212148.67	213726.65	215316.37	216917.91	218531.37	220156.82	221794.37	223444.10	225106.10
贴现值合计						2177724.70					
预估第10年的股东收益	411188.87										
第11年的增长率	7%										
第11年的股东收益	439972.09										
资本化率	4.42%										
第11年经过资本化后的价值	9954119.61										
第10年的贴现因子	1.8266										
第11年经过资本化后价值的现值									5449400.99		
预估的内在价值									7627125.69		

通过计算得出的下限估值在 762.7 亿元左右，2014 年海天味业最低市值只有 460.33 亿元左右，如果在市值 500 亿元左右的时候投资，那么能够拥有 39.6% 左右的安全边际空间，股价走势也证明了这一点——投资在不久的将来会获得极高的收益。

准则 5：在合理的价位投资。

虽然海天味业的消费刚性比片仔癀和贵州茅台要更高，但提价能力更低，市场逐步进入红海也是不争的事实。

总体来说，海天味业的"护城河"要更窄，需要更低的安全边际系数来保证投资安全，因此，建议选择至少比茅台低 0.05 的安全边际系数才更安全。

准则 6：出色的长期收益率和营业利润率。

海天味业在上市之前就是一家非常成熟的企业。行业地位很高，所以，在 2014 年海天味业的净资产收益率就高达 33%，到了 2020 年也仅仅交出了一份几乎原地踏步的 36.13% 的成绩单。但是，即便是原地踏步，30% 以上也足以证明海天味业是一家非常优秀的企业（同茅台相当，片仔癀远远不如海天味业）。

海天的隐忧在于是否能维持住现有的行业地位，在今后继续交出同样亮眼的成绩单，要知道香港的"李锦记"在高端市场上同样出彩，低端市场的竞争对手更是数不胜数。

调味品行业长期营业利润率当然比不过白酒行业，但是海天味业的营业利润率长期保持 30% 左右的数据足以令人满意。总体来说，海天味业的瓶颈在于当市场进入存量博弈之后，是否能继续扩大市场份额，通过增收来提高利润。

准则 7：理性管理。

海天味业同其他优秀企业一样，每年都进行大笔现金分红。但是有一点值得投资者注意，除了分红之外，海天还比较喜欢拆股。因此，股本也从最初上市的 15.0358 亿股扩张到了如今的 42.1258 亿股。

海天味业一直都在调味品行业耕耘，其他业务较少，几乎可以忽略不计。食品制造业的营收占比高达 94.37%，其他业务仅有 5.63%。海天味业没有贸然进入自己不熟悉的领域，管理风格比较扎实稳健。

准则 8：1 元回报。

2014—2020 年，海天味业一共为股东谋得 337.66 亿元的净利润。其中，将 163.12 亿元通过分红分配给了股东，公司留存了 174.54 亿元的收益用来经营发展。

2014 年年末，海天味业的总市值达到了 600.68 亿元，到 2021 年年末更是涨到了 4427.84 亿元左右，短短 7 年的时间增长了 6.37 倍，股票市值总计增加了 3827.16 亿元左右。海天味业留存的每 1 元钱收益都物有所值，为股东创造出了接近 22 元的市值，和贵州茅台旗鼓相当，"酱油茅台"绝不是白叫的。

总结：

在调味品行业，海天味业是无可争议的"一哥"，它的业绩也对得起"一哥"的名号。被称为"酱油茅台"绝不是毫无依据的胡乱吹捧。尽管喜欢拆股，但是每年该分的现金分红也是毫不含糊，公司在短短几年内营收利润增长迅猛，对于一个成熟行业的龙头来说实属难能可贵。

另外，公司的管理层也相对比较务实，并没有盲目进入房地产、互联网金融之类的快钱行业。

个人认为海天味业的最大麻烦是发展空间，调味品行业非常成熟，研发创新的空间有限，在未来老龄化、少子化的趋势下，调味品行业会逐步变成一个红海厮杀的残酷市场。海天需要进一步夯实自己行业老大的地位，并且继续在市场上攻城略地增加市占率。

总体而言，海天味业的经营稳定性和确定性非常高，但是爆发力不会很强。在人口规模逐步萎缩、市场规模逐步下降的趋势下，利润提升非常依赖营业收入的增长，如果能进一步提高产品的市占率，依然有较好的"钱"景。因此，当海天味业出现一个合理价格时，不失为一个投资的好选择。

四、中国石油：巴菲特中国投资的"第一次"

中国石油是中国最大的油气行业企业，全球主要的油气生产商和供应商之一，集油气勘探采集、炼化销售、新材料、新能源开发和支持服务等各项业务于一体的综合性大型国际能源企业。2020年，在全球五十大石油公司综合排名中位居第三。

中国石油这个名字在资本市场可谓如雷贯耳。它的体量巨大，是A股市场上绝对的巨无霸，甚至某些航母级别的大型央企在中国石油的面前都是小不点。而且，中国石油的权重极高，到了市场低迷或者发生股灾需要救市的时候，石化双雄（另一家是中国石化）就会大发神威，利用它们权重高的特性，通过拉抬石化双雄护盘的效果极佳。

第八章　巴菲特价值投资理念在 A 股市场的实践

但是，上述这些都不是中国石油如雷贯耳的最主要的原因。作为"48 惨案"的缔造者，中国石油足以让当初追进的大中小投资者刻骨铭心。

另外，中国石油曾经受到过"股神"巴菲特的青睐，"股神"在中国石油（H 股，而且成本极低，依照当时的汇率约合人民币 1.6 元 / 股左右）上赚了不少，但是"股神"的光环却让中国石油在 A 股市场高溢价上市（发行价高达 16.7 元 / 股），最终坑惨了一群盲目投资的投资者（姑且称之为投资者吧，事实上 48.6 元 / 股的开盘价，怎么看都不能算是投资）。

中国石油是标准的航母类型上市公司，也是周期类型的上市公司，公司的业绩非常依赖能源价格。只要能源走牛，一般都能交出一张非常不错的成绩单，但是一旦能源走熊，业绩就可能大幅跳水。

因此，分析中国石油的基本面不能套用之前几家上市公司的分析方法。还要观察能源市场的情况，对整个周期进行具体分析。

准则 1：业务简单易懂。

中国石油的全称是中国石油天然气集团公司，所以并不是很多人想象的那样，中国石油的产品仅仅是石油。中国石油发布的《2020 企业社会责任报告》显示，中国石油的国内天然气产量突破 1300 亿立方米，天然气在中国石油的主营业务中占比首次超过了 50%。中国石油已经从过去产油为主的石油行业过渡到了更低碳环保的天然气行业。

至于石油天然气有什么用处，想必就不用做过多解释了吧。石油是经济的血液，不论燃油还是各种材料、肥料等都要用到原油。天然气更是不可或缺，不论洗澡还是做饭，普通民众几乎天天同天然气打交道。中国石油的业务简单易懂、显而易见。

准则2：长期成功经营。

中国石油毫无疑问是国内的能源垄断企业。我国的能源资源总量虽然丰富，但是由于人口基数大，煤炭、石油和天然气的人均可开采储量都远低于世界平均水平。

鉴于这个原因，中国石油的产品必定是供不应求，事实也是如此，除了自己开采的能源之外，我国每年还会大量进口能源。所以，中国石油的业绩完全取决于能源价格（另外还有管理层的良心）。

中国石油是标准的周期类企业，所以判断中国石油是否长期成功经营要观察能源一整个牛熊周期的企业盈利平均水平。中国石油从2007年上市一直到2016年这个10年周期里，平均净利润在1007.1亿元左右。年均净利润能达到1000亿元以上，日均进账约2.76亿元，说是日进斗金一点不为过。

准则3：高确定性的长期发展前景。

能源是经济发展的基础。无法保障能源安全，经济发展根本无从谈起。从这个角度来说，将中国石油称为中国经济发展的基石之一一点都不为过。

未来能源的发展趋势是绿色环保，但是并不代表绿色新能源发展成规模了，就能将传统的能源赶尽杀绝，完全弃之不用。化肥、塑料等传统能源的衍生品在经济活动中依然无法被完全取代，这就决定了未来是传统能源（占比越来越小）与绿色新能源（占比越来越大）齐头并进的时代。

另外，中国石油也在努力向绿色新能源的领域转型发展。2021年中国石油的年报上显示，中国石油部署实施了一批绿色新能源项目，风能、光能、热能、电能、氢能等领域均有涉及，其中已有39个项目建成投产，新增的绿色新能源开发利用能力达到350万吨标准煤/年。

在国家的强力支持下，不需要怀疑中国石油勘探开采以及对外投资的能力，同样也不需要担心国家转型发展新能源的决心和支持力度。

因此，在传统能源产能趋紧、行情逐步走牛，新能源投资开发势在必行的情况下，中国石油绝对拥有高确定性的长期发展前景。

准则4：可以大致确定出企业的内在价值区间。

同样，计算中国石油的企业内在价值区间也要用平均净利润。因此，预估增长率也要用一整个周期的年均增长率来进行预估。

另外，油气价格也是投资考量的因素之一。在油气价格低迷的时候，投资中国石油比油价狂飙的时候更有吸引力（低油价本身就提供了一定的安全边际）。

在2007年A股上市之前，中国石油就吸引了"股神"巴菲特的目光。巴菲特在中国石油上总共投资了接近5亿美元，买入成本极低。因此，直接引用"股神"说过的话就能确认中国石油在当时的价值区间。

买入中国石油之后的2005年，在伯克希尔·哈撒韦公司的年度股东大会上，巴菲特说过："几年前，我读了这家公司的年报之后就买进了，这是我们持有的第一只中国股票，也是到目前为止最新一只。这家公司的石油产量占全球的3%，这是很大的数量。中国石油的市值相当于艾克森美孚的 80%。去年中石油的盈利为 120 亿美元。2003 年在财富 500 强公司的排行榜上只有 5 个公司获得了这么多利润。当我们买这家公司的时候，它的市值为 350 亿美元，所以我们是以相当于 2003 年盈利（每股收益 0.59 港元）的 3 倍的价钱买入的。中国石油没有使用那些财务杠杆。它派发盈利的 45% 作为股息。所以基于我们的购买成本，我们获得了 15% 的现金股息收益率。"

2009 年巴菲特做客一档中央电视台的谈话节目，在节目中他又如此说道："在我阅读中国石油年报的时候，我认为这家公司当时的内在价值在 1000 亿美元左右，我再看看市值，它当时的核心业务的股票市值只有 350 亿美元，所以我觉得很值，我就买入了。"

而在巴菲特卖出中国石油的股票时，他如此说道："最近，我和中投公司的高博士在奥马哈一起吃了一次午饭。我对他的印象特别好。我们买入中国石油时，中国石油的市值是 350 亿美元，我的估值是 1000 亿美元。后来油价到了每桶 70～75 美元，我的分析过程还是一样的，但是我对中国石油的估值上升了，我觉得中国石油的价值在 2750 亿～3000 亿美元之间。当时，中国石油的市值正好在这个范围内，于是我们就卖出了。后来，因为在 A 股上市，中国石油股价大涨，一度成为全球市值最高的公司。中国石油是个很不错的公司。如果还有好机会，我们还会再买。"

通过上面的讲话，可以明确巴菲特对中国石油的估值（2007 年的时候）。巴菲特认为在原油价格位于 70～75 美元区间时，中国石油的价值区间在 2750 亿～3000 亿美元之间，而"股神"投资的时候，市值仅为 350 亿美元（当时"股神"对中国石油的估值在 1000 亿美元左右），显然这个价格极具吸引力。当到了估值区间的上限时，"股神"果断卖出，赚得盆满钵满（并没有卖到最高点，"股神"曾经承认自己卖早了）。

准则 5：在合理的价位投资。

详见准则 4 的"股神"讲话。"股神"买入中国石油的时候拥有高达近 70% 的安全边际，只要你能以这个价格买入，想不赚钱都难。

准则 6：出色的长期收益率和营业利润率。

中国石油属于周期性企业，属于"看天吃饭"的典型，当能源价格高企的时候，净资产收益率就高（比如 2007 年，净资产收益率高达 22.8%），而到了 2016 年能源价格低迷的时候，资产收益率低到可怜巴巴的 0.7%。营业利润率也是一样，2007 年高峰的时候能达到 23.23%，2016 年低迷的时候就只有 2.9%。

能源价格低迷的时候会影响到中国石油的股价，但能源价格也不会一直低迷下去，这就带来了一定的安全边际空间，"股神"对中国石油估值的时候也考虑到了这一点，这种操作思路也给了我们一些启发。

准则 7：理性管理。

毫无疑问，中国石油正在进行转型升级，主营业务从污染较高的石油逐步转向更绿色环保的天然气，同时还在加紧布局绿色新能源的产业。总体来说，中国石油依然在自己熟悉的能源领域里深耕，并没有盲目进入其他不熟悉的行业。

中国石油还是出了名的分红大户，除了固定派发盈利的 40%～50% 作为红利之外，在能源行情低迷盈利较差的时候，还会加派特别红利。自 2007 年上市以来总共分红 28 次，累计分红金额达到 5735.16 亿元，在股价低迷的时候股息率甚至能远远超过长期定期存款的利息。

准则 8：1 元回报。

中国石油的 1 元回报率必定是负值，毕竟 2007 年就是中国石油的"股生巅峰"，目前的市值只有高光时期的 10% 多一点，显然当初的过分追捧造成了捧杀的效果。那么，中国石油在未来还会不会出现负数的 1 元回报率呢？这是需要好好考虑的问题。

总结：

中国石油是 A 股市场最大的 IPO 之一，也是能源巨头，是这 4 个实战案例中唯一的周期类型和航母类型的股票。对于中国石油，大部分投资者都抱有怒其不争的心态，毕竟这是"股神"巴菲特买入的中国"处女股"，2007 年的期待有多高，现在的失望就有多大。

当然，中国石油在未来必定会存在下去，它也会一如既往地派发股息，也会继续在能源领域深耕，股价也会大起大落（周期类型股票的通病）。不会有人怀疑中国石油是不是能维持住国内的市占率，也不会有人担心中国石油的产品销量。

可以百分百肯定的是，中国石油未来的净利润和股价必定还会大幅波动，能源的价格也是一样。那么是不是可以好好利用这一点，就像"股神"当初所做的那样呢？

后　记

把本书当成投资秘籍的读者可能会非常失望：本书所讨论的投资方法并不能让你在短时间内实现财富暴击。就连笔者本人的财富也是随着时间推移而慢慢成长起来的。**事实上，巴菲特在 50 岁以后才成为亿万富翁，90% 的净身家都是 50 岁以后挣得的。**

想通过价值投资发家致富需要时间，这一点对任何人都一样。这也是价值投资在 A 股不受待见的原因之一。价值投资的门槛高，见效慢。因为实在是太慢了，大部分人都没有这个耐心。

价值投资的主要方法是独立思考与自行判断。每个人的能力圈都是不一样的，得出的投资结论也是各不相同的。我们对历史、对未来都有各自不同的解释，对未来的各个行业的"茅台"的结论也截然不同。如果由笔者来告诉你下一个"茅台"在哪里，显然就同本书的主要观点相矛盾。所以，"茅台"们还是留待读者们自己去发现。

思想的独立性、出色的洞察力、深远的见识、丰富的经验以及好运气（能成为格雷厄姆的学生，得到格雷厄姆亲身传授知识绝对是巴菲特的好运气）才成就了"股神"。笔者只是以一名勉强还算是合格的 A 股价值投资者，将他们的思想和做法编写成书而已。希望读者能通过本书获得一些投资技巧，就像本书所写的那样——授人以鱼不如授人以渔。

关于本书的顺利出版，首先当然要感谢"股神"巴菲特先生，正是巴菲特先生每年在股东大会上无私地分享自己的投资思想和理论，本书才能最终完成。同样还要感谢格雷厄姆、多德、林奇、海格士多姆、克尼厄姆、坎宁安、罗瑟查尔德等诸位专家、学者以及各位译者的辛勤付出，没有他们的无私奉献，没有这些经典著作的谆谆教导，就不会有笔者的今天，更不会有本书的出现。

其次，还要感谢陈正侠老师给笔者提供了这样一个机会，没有陈老师的鼓励，本人甚至根本不会考虑编写书籍这档子事儿。事实上，在完成本书之前，笔者也实在没什么信心能独立完成本书，由衷地感谢他的鼓励与付出。

最后，衷心希望本书不要热卖。对于本书，笔者几乎毫无保留地全盘托出自己的投资技巧与心得，如果本书热卖，意味着笔者为自己制造了大量的竞争对手，必然是得不偿失。

另外，"股神"巴菲特所采用的净资产收益率和标准意义上的净资产收益率其实是不一样的，他采取了自由现金流（见本文末注）的方法来计算，这样就能更好地了解企业的实际经营状况。

没有耐心读完本书的读者就不知道这个特殊指标了。

后　记

【注】自由现金流＝净利润＋折旧＋摊销－资本支出－维持企业运转所必须增加的资本。巴菲特采用的净资产收益率是用自由现金流÷净资产得出的。

参考文献

[1] 本杰明·格雷厄姆,戴维·多德.证券分析[M].邱巍,李春荣,黄铮,译.海口:海南出版社,1999.

[2] 本杰明·格雷厄姆.聪明的投资者——格雷厄姆投资指南[M].王大勇,包文彬,译.南京:江苏人民出版社,2001.

[3] 沃伦·巴菲特,劳伦斯·坎宁安.巴菲特致股东的信:股份公司教程[M].陈鑫,译.北京:机械工业出版社,2004.

[4] 小罗伯特·海格士多姆.沃伦·巴菲特之路[M].朱武祥,樊勇,译.北京:清华大学出版社,2007.

[5] 彼得·林奇.战胜华尔街——全美头号职业炒手的股票经[M].张锐,戴建忠,译.广州:暨南大学出版社,1998.

[6] 彼得·林奇,约翰·罗瑟查尔德.彼得·林奇的成功投资[M].刘建位,徐晓杰,译.北京:机械工业出版社,2010.

[7] 劳伦斯·克尼厄姆.向格雷厄姆学思考,向巴菲特学投资[M].王庆,徐隽,译.北京:中国财政经济出版社,2001.